MANIFESTE

ROXIE NAFOUSI

MANIFESTE

7 PASSOS PARA UMA VIDA PLENA

TRADUÇÃO
SOFIA SOTER

intrínseca

Copyright © Roxie Nafousi 2022

Publicado originalmente como *Manifest* em 2022 por Michael Joseph, um selo de Penguin Books Ltd.

Penguin Books Ltd é parte do grupo Penguin Random House.

Roxie Nafousi reivindica o direito moral de ser identificada como autora desta obra.

TÍTULO ORIGINAL
Manifest

PREPARAÇÃO
Dandara Morena

REVISÃO
Ana Grillo
Anna Beatriz Seilhe

DIAGRAMAÇÃO
Ilustrarte Design e Produção Editorial

CONCEITO DE CAPA
Amy Bailey

CIP-BRASIL. CATALOGAÇÃO NA PUBLICAÇÃO
SINDICATO NACIONAL DOS EDITORES DE LIVROS, RJ

N137m

   Nafousi, Roxie, 1990-
      Manifeste : 7 passos para uma vida plena / Roxie Nafousi ; tradução Sofia Soter. - 1. ed. - Rio de Janeiro : Intrínseca, 2022.
176 p. ; 21 cm.

      Tradução de: Manifest : 7 steps to living your best life
      Inclui índice
      ISBN 978-65-5560-386-6

   1. Autorrealização (Psicologia). 2. Autoestima. 3. Técnicas de autoajuda. 4. Sucesso. I. Soter, Sofia. II. Título.

22-79549   CDD: 158.1
                                     CDU: 159.947.5

Meri Gleice Rodrigues de Souza - Bibliotecária - CRB-7/6439

[2022]
Todos os direitos desta edição reservados à
Editora Intrínseca Ltda.
Rua Marquês de São Vicente, 99, 6º andar
22451-041 — Gávea
Rio de Janeiro — RJ
Tel./Fax: (21) 3206-7400
www.intrinseca.com.br

Para meu filho, Wolfe
Seja quem você quer ser

SUMÁRIO

INTRODUÇÃO 9
Minha trajetória de manifestação 9
A ciência da manifestação 13
O universo 15
Manifeste com a Roxie: A comunidade 16

PASSO 1: Tenha clareza na sua visão 17
PASSO 2: Elimine medo e insegurança 31
    Cultive e pratique amor-próprio 61
PASSO 3: Alinhe seu comportamento 71
PASSO 4: Supere os testes do universo 97
PASSO 5: Acolha a gratidão (sem ressalvas) 111
PASSO 6: Transforme inveja em inspiração 131
PASSO 7: Confie no universo 149

EPÍLOGO 161

AGRADECIMENTOS 163

FONTES 165

ÍNDICE 167

INTRODUÇÃO

MANIFESTAR:
Fazer acontecer.

Manifestar é a habilidade de criar exatamente a vida que você quer. É a capacidade de atrair tudo que você deseja e se tornar autor da própria história. Parece magia — e somos nós os mágicos.

MINHA TRAJETÓRIA DE MANIFESTAÇÃO

Em maio de 2018, minha vida era bastante diferente do que é agora. Estava com 27 anos e não fazia ideia do que eu queria. Não tinha emprego, direção ou propósito. Eu lutava contra a depressão havia mais de uma década e tinha passado a maior parte desse tempo nas garras do vício. Sentia uma tristeza absurda o tempo todo, não me valorizava um pingo sequer e, depois de uma sequência de relacionamentos fracassados, estava muito sozinha.

Eu tinha acabado de voltar da Tailândia, onde passara um mês em um curso para me tornar instrutora de ioga. Minhas intenções com aquela viagem iam além de conseguir uma qualificação que me proporcionasse um começo de carreira. Era também uma oportunidade de me afastar das tentações da cidade, pois assim eu teria a chance de curar minha dor e mudar meus hábitos hedonistas e baladeiros. No entanto, menos de 24 horas depois de voltar a Londres, me encontrei no mesmo ciclo de sempre: fumando, bebendo e me drogando. Foi então que cheguei ao fundo do poço — e não pela primeira vez. Senti um profundo desespero. Se não serviu de nada passar um mês de reflexão, com meditação diária, alimentação saudável e duzentas horas de ioga, o que poderia me ajudar?

Devastada, liguei para minha amiga Sophia. Perguntei a ela se eu um dia seria feliz. Ela respondeu:

— Ontem à noite ouvi um podcast que falava de um negócio chamado manifestação. Vou mandar o link para você agora, acho que pode ajudar.

Eu estava a caminho da manicure, então coloquei os fones para ouvir o episódio enquanto fazia as unhas. Relembrando a história agora, a imagem é vívida na minha memória: me vejo sentada na cadeira branca, de legging preta e jaqueta jeans larga, pintando as unhas de rosa-chiclete e escutando atentamente algo que estava prestes a mudar meu mundo para sempre.

Assim que a manicure acabou de fazer minhas unhas, corri para casa e abri o notebook. Digitei "O que é manifestação?" no Google e li, pesquisei, ouvi, aprendi e absorvi tudo o que podia sobre o assunto. Eu já sabia a primeira coisa que queria manifestar: amor incondicional.

Uma semana depois de ouvir aquele episódio do podcast e começar a praticar algumas coisas que estava aprendendo, abri uma mensagem do aplicativo de relacionamentos Raya. Tinha sido enviada por um ator australiano, Wade Briggs. Não tínhamos nenhum amigo em comum, mas achei ele bem bonito e respondi. Assim, começamos uma maratona de mensagens.

Dali a duas semanas, Wade faria uma parada de quatro dias em Londres após meses viajando de van pela Europa com o melhor amigo, e de lá eles retornariam para a Austrália. Decidimos nos encontrar no dia seguinte à chegada dele na cidade.

Nosso encontro foi tão bom que Wade decidiu cancelar o voo de volta, para "ficar mais um pouco e ver no que dá".

Após três meses, descobrimos que eu estava grávida.

No dia 7 de junho de 2019, *exatamente* um ano depois da mensagem de Wade, nasceu nosso menino, Wolfe. **Aí estava: amor incondicional.**

Três anos depois, eu e Wade temos um relacionamento mais forte do que nunca, e estamos total e completamente apaixonados pelo nosso menininho perfeito. Além disso, me livrei de todos os vícios, desenvolvi uma carreira bem-sucedida, cheia de propósito e paixão, me tornei mais feliz e satisfeita do que sou capaz de descrever, e enfim tenho algo que sempre achei inalcançável: amor-próprio.

Depois de descobrir a manifestação, peguei tudo que aprendi e, quase por instinto, organizei mentalmente em sete passos simples. Eu mesma comecei a seguir esses passos, e tudo se desenrolou de um jeito magnífico e acelerado. Parecia magia, mas, ao mesmo tempo, fazia tanto sentido que também parecia bastante lógico. Minha vida se transformou por inteiro, cada pedacinho dela. O motivo? Eu havia entendido a verdadeira arte da manifestação.

Comecei a falar dessa coisa incrível para todos os meus amigos e para meus poucos seguidores no Instagram. A maioria das pessoas não tinha noção do que era, e quem tinha sempre fazia a mesma pergunta: "Ah, não é aquela história de visualizar aquilo que você quer que aconteça?" Notei, então, que a maioria das pessoas nem sequer ouvira a respeito de manifestação. Quem já sabia do que se tratava só havia entendido a camada superficial — era por isso que tão pouca gente tinha sucesso com o método.

Senti um impulso, um chamado interior, para ensinar o máximo de pessoas a trazer à tona o poder contido nelas. Ao longo dos últimos dois anos, compartilhei meu guia de manifestação em sete passos com milhares e milhares de homens e mulheres nos meus workshops e webinars. Todo dia recebo mensagens de pessoas que, graças a essa prática poderosa e mágica, transformaram suas vidas e concretizaram sonhos. No início de 2021, eu sabia que era hora de escrever este livro, porque sabia que poderia alcançar — e ensinar — muito mais gente por meio da palavra escrita.

Vivo e respiro os passos que vou ensinar aqui, e continuo a usar a manifestação todos os dias. Ela me serve de todas as melhores formas e me permite acordar agradecida por tudo que tenho e animada para o que o universo vai me trazer.

Desde que comecei os workshops, vi um aumento no interesse pela manifestação, e esse interesse certamente tem ganhado ímpeto. É muito empolgante ver cada vez mais gente se abrindo à ideia de estar encarregada do próprio destino, mas a quantidade de informação pode ser excessiva para muitas pessoas, dificultando o início do processo. Neste livro, organizei *tudo que você precisa saber* em sete passos simples, para você libertar a magia e começar a trajetória de manifestar sua vida dos sonhos.

No entanto, quero dizer algo em alto e bom som: manifestar vai muito além de um modismo. **Manifestação é um encontro da ciência com a sabedoria. É uma filosofia e uma prática de desenvolvimento pessoal para ajudar você a alcançar uma vida plena.**

Manifestação não é um conceito novo. William Walker Atkinson apresentou esse conceito no livro *A lei da atração e o poder do pensamento*, lá em 1906. E uma das minhas definições preferidas de manifestação foi escrita em 1937, pelo jornalista Napoleon Hill, em *Quem pensa enriquece*. Ele disse: "Você é mestre do próprio destino. Você pode influenciar, direcionar e controlar o seu ambiente. Você pode moldar sua vida de acordo com sua vontade." Desde então, muitos grandes filósofos e pensadores escreveram sobre o poder da manifestação. Alguns dos meus professores preferidos incluem Louise Hay, Abraham Hicks, Wayne Dyer, Eckhart Tolle, Oprah Winfrey e dr. Joe Dispenza.

Todas essas pessoas sabem uma coisa que agora também sei, sem dúvida alguma: *manifestação funciona.*

A CIÊNCIA DA MANIFESTAÇÃO

Acabei de falar que manifestação é o encontro da ciência com a sabedoria. Eis uma explicação simplificada da parte científica.

A física quântica nos ensinou que tudo no universo é feito de energia. Somos feitos de energia, a cadeira em que estou sentada é feita de energia, e o céu acima de nós também é só energia. Em outras palavras, toda matéria é pura energia. O que diferencia uma coisa da outra é a frequência de vibração e a densidade dos átomos que as constituem. A frequência de vibração pode ser alta, baixa ou cair em algum ponto intermediário.

A lei da atração determina que **semelhante atrai semelhante**. Isso significa que vibração de alta frequência atrai outras vibrações de alta frequência, e vibração de baixa frequência atrai outras vibrações de baixa frequência.

Nossos pensamentos, emoções e sentimentos também são constituídos inteiramente por energia, e cada tipo de emoção tem uma frequência própria. Quando mudamos a forma de pensar, alteramos nossos sentimentos e as emoções que experimentamos, o que também acaba modificando a nossa frequência de vibração. Assim, atraímos para nós a frequência que emitimos. Por isso, se mudamos nossa forma de pensar e, consequentemente, as emoções, conseguimos alterar a vibração e, por fim, a realidade.

> Ao longo do livro, usarei as expressões "vibe alta" e "vibe baixa" para descrever as frequências altas e baixas da vibração.

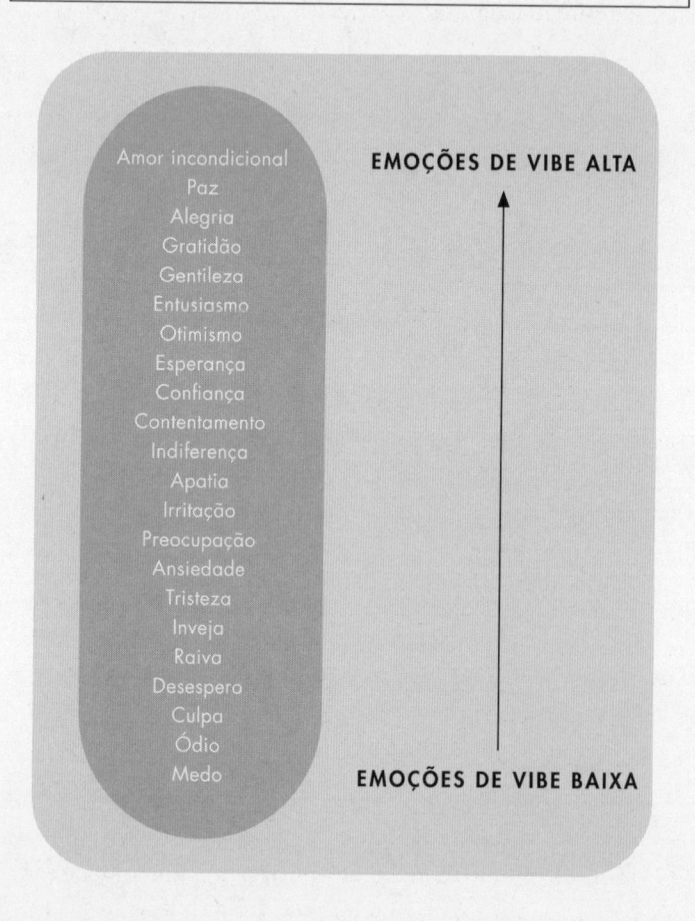

EMOÇÕES DE VIBE ALTA

- Amor incondicional
- Paz
- Alegria
- Gratidão
- Gentileza
- Entusiasmo
- Otimismo
- Esperança
- Confiança
- Contentamento
- Indiferença
- Apatia
- Irritação
- Preocupação
- Ansiedade
- Tristeza
- Inveja
- Raiva
- Desespero
- Culpa
- Ódio
- Medo

EMOÇÕES DE VIBE BAIXA

A manifestação também trabalha com outra parte da ciência, que se afasta da física quântica e se aproxima da neurociência. A ideia é usarmos neuroplasticidade, que é a capacidade que o cérebro tem de mudar e formar novas conexões por meio de crescimento, aprendizado e experiência.

Assim, a gente pode dar uma levantada naquela autovalorização que está no nosso inconsciente e passar por cima das crenças limitantes, além de fazer a pré-ativação do cérebro para enxergar oportunidades e alinhar o comportamento com os objetivos desejados. Ao seguir este livro, você aprenderá por que tudo isso é fundamental no domínio da manifestação.

> Se quiser aprender mais a respeito da ciência da manifestação, sugiro consultar o livro da dra. Tara Swart, *The Source*. No livro, Tara — que é neurocientista, especialista em manifestação e minha amiga — apresenta uma pesquisa cognitiva que dá suporte ao poder da manifestação.

O UNIVERSO

Sempre que eu falar de manifestação, falarei do universo. Para mim, é o universo que detém todo o poder e a magia por trás da manifestação, que abarca algo muito maior que nossa percepção consciente. Ele é uma força energética que contém a abundância infinita do mundo.

Se, para você, esse poder energético tomar outra forma, fique à vontade para substituir "o universo" por sua própria interpretação ao longo do livro.

E agora, está pronto para libertar seu poder interior e alcançar uma vida plena?

MANIFESTE COM A ROXIE: A COMUNIDADE

Um dos aspectos mais bonitos e maravilhosos dos meus workshops, sessões de coaching em grupo e webinars é a comunidade construída ao redor do trabalho. Muitas amizades on-line nasceram dos meus seminários durante a quarentena em 2020, e há inúmeros grupos de WhatsApp, com centenas de homens e mulheres que se encontraram nos meus eventos. Nesses grupos, todos se apoiam, mandam conteúdo inspirador e compartilham recursos de desenvolvimento pessoal. Honestamente, nem sei descrever minha felicidade ao ver a comunidade crescer dessa forma.

Entendo que, com o passar dos anos, nem sempre é fácil encontrar pessoas com interesses semelhantes e fazer novas amizades. Por isso, quero que minha plataforma se torne um espaço de encontro e conexão, e encorajo todo mundo envolvido a fazer isso.

Se quiser se juntar à comunidade, você pode assistir a um dos meus webinars, a um dos meus workshops presenciais ou entrar no grupo do Facebook "Manifest with Roxie". Você também pode usar a hashtag #MANIFESTWITHROXIE para compartilhar suas histórias, seu progresso e sucesso.

PASSO 1

TENHA CLAREZA NA SUA VISÃO

*"Tudo é criado duas vezes:
primeiro na mente, depois na realidade."*

ROBIN SHARMA

O primeiro passo de qualquer jornada de manifestação é ter clareza na visão. Em termos simples, não dá para chegar ao destino sem saber o ponto em que se quer chegar. Então, antes de qualquer coisa, é preciso ter clareza sobre os desejos que serão pedidos ao universo.

Vou começar explicando por que é importante para a manifestação saber exatamente o que você quer e, depois, **visualizar**. Quando imaginamos uma situação, o cérebro reage a essa experiência mental como se ela estivesse acontecendo de verdade. A neurocientista dra. Tara Swart explica em *The Source* que "a visualização funciona porque, surpreendentemente, faz pouca diferença para o cérebro um evento vivenciado de forma direta no mundo externo e o mesmo evento experimentado por meio de uma forte imaginação". Por exemplo, quando nos visualizamos em uma cena estressante, o cérebro responderá como se estivesse acontecendo de verdade: o sistema nervoso entra em modo de luta ou fuga, liberando os hormônios de estresse cortisol e adrenalina. Isso acelera o batimento cardíaco, deixa a respiração ofegante e aumenta a pressão arterial. Ou seja, é criado um estresse real no corpo, uma reação fisiológica, e isso só de imaginar. Se, por outro lado, elaboramos em nossas mente um ambiente sereno e tranquilo, o cérebro ativa o sistema nervoso para se acalmar e encorajar o corpo a relaxar. As imagens que formamos na mente criam mudanças fisiológicas no corpo e, portanto, têm o poder de influenciar a realidade que vivemos. Assim, ao nos visualizarmos com as coisas que mais desejamos, criamos uma mudança fisiológica que altera nossa frequência de vibração energética e, por consequência, determina o que atraímos na vida, de acordo com a lei da atração.

A visualização também nos ajuda a manifestar de outra forma: quando começamos a treinar com regularidade a visualização de coisas que queremos, o cérebro reage, alinhando nossos padrões de comportamento e nossas interpretações do ambiente ao objetivo imaginado. Também fica mais perceptivo e aberto a novas oportunidades condizentes com a visualização, descartando as informações indesejadas e destoantes. Isso significa que podemos literalmente pré-ativar o cérebro para nos conduzir ao futuro desejado.

> É provável que a visualização seja a ferramenta de manifestação mais conhecida pela mídia. Inúmeras celebridades, atletas e CEOs atribuem muito do sucesso à visualização recorrente dos objetivos. O nadador Michael Phelps, que bateu o recorde nos Jogos Olímpicos com 23 medalhas de ouro, disse que usava a visualização para se preparar em toda competição. Ele não só se imaginava vencendo, como também superando desafios com facilidade no caso de as coisas darem errado. Ao treinar visualmente as situações e sempre enxergar o melhor resultado, ele conseguia entrar em toda competição pronto para vencer, a qualquer custo.

Quanto mais minuciosa for a visualização, mais concreta será a sensação e mais poderosa ela se tornará. Para dar vida à visualização, tente imprimir clareza no maior número de detalhes que conseguir. **Ao projetar seus sonhos, pense da forma mais específica possível.** Por exemplo, ao imaginar a casa dos sonhos, você consegue especificar o local, a quantidade de quartos e o projeto arquitetônico? Vê a cor da porta ou imagina as flores do jardim? Pense nas visualizações assim: se você entrasse no carro para ir ao aeroporto, não digitaria só "aeroporto" no GPS e esperaria chegar a ele, não é? Não, você especificaria o aeroporto e o terminal aos quais precisa chegar. Visualizações vagas simplesmente não bastam. Quanto mais detalhes puder incluir e quanto mais específico for, mais clareza você terá em sua visão.

O verdadeiro segredo da visualização eficiente, contudo, é entender que não basta criar as imagens mentais, pois você precisa mergulhar na *sensação*. Lembre-se: **atraímos o que sentimos**. Só mudamos a frequência de vibração quando nosso objetivo é imaginado em conjunto com a experiência emocional que ele nos proporcionaria. Então, quando imaginamos a casa dos sonhos, também precisamos imaginar a *sensação* de morar lá. Quanto mais intensa for a sensação de ter o que queremos, com mais facilidade o resultado virá. Da mesma forma, se quiser manifestar o encontro com sua alma gêmea, tente visualizar não só o parceiro perfeito, mas o que você sentiria naquele relacionamento. Você consegue incorporar as sensações de amor incondicional, segurança, calor e de sentir-se "em casa" com alguém? Quando usamos a visualização para criar um sentimento em nós, como contentamento, alegria, confiança ou amor, aumentamos nossa frequência vibracional (ou seja, nossa vibe), o que atrai de volta a abundância da vibe alta.

Ao ler isso, você pode pensar: "Na verdade, não sei o que quero manifestar e estou achando muito difícil visualizar um objetivo específico." É possível que você não saiba que trabalho você deseja, onde quer morar ou como quer sua vida daqui a um ano. Talvez esteja em um momento crucial, à procura de mudança, sem saber que direção tomar. Se for o caso, não é só você. Na verdade, muitas pessoas parecem encontrar a magia da manifestação quando se sentem perdidas, sem direção, empacadas. Se for o seu caso, o melhor a fazer é visualizar apenas o que você quer sentir. Por exemplo, pode querer manifestar mais confiança, mais satisfação, mais envolvimento, mais motivação, mais paixão, mais tranquilidade. É totalmente possível manifestar um sentimento.

Ano passado, trabalhei bem de perto com uma cliente. Quando ela chegou, estava no fundo do poço. Tinha experimentado vários tipos de terapia e técnicas de cura, mas nenhuma funcionou para ajudá-la a criar mudanças duradouras. Ela me disse: "Sei que você fala muito de manifestação. Acha que pode me ajudar a manifestar, mesmo que eu não saiba o que quero?" Sorri e concordei. Perguntei-lhe se estaria aberta a meditar comigo, e ela aceitou. Eu a conduzi a um espaço de relaxamento e pedi para visualizar como ela estaria dali a seis meses. Pedi que tentasse identificar o que sua versão ideal estaria sentindo no futuro, e a encorajei a materializar a sensação. Depois de trazê-la de volta ao momento presente, ela explicou que desejava, mais do que tudo, conseguir acordar de manhã com energia e esperança no dia por vir. Como é o caso de muitas pessoas que enfrentaram dificuldades de saúde mental ou emocional, fazia muito tempo que ela não se sentia assim. Ao conduzi-la pela visualização e pedir para imaginar o que queria sentir, possibilitei que ela começasse a própria trajetória de manifestação. Em seis meses, ela não só estava acordando com energia e ânimo para encarar o dia, como tinha transformado seu mundo interno e externo de todas as formas. Tornou-se bem-sucedida no trabalho, nos relacionamentos pessoais e no relacionamento consigo mesma, e tudo tinha começado com uma coisa só: *um sentimento*.

Ao visualizar o futuro ideal, visualize não só *o que* você quer manifestar, mas **a pessoa que você quer ser**. Na verdade, a pergunta "Quem eu quero ser?" talvez seja a mais importante do processo inteiro. Quando imaginar sua versão futura — a pessoa que quer ser amanhã, mês que vem, ano que vem —, pergunte-se: como essa versão se sente, de forma física, emocional e energética? Como essa versão se comporta no dia a dia? A que hábitos você se dedica? Como enfrenta situações estressantes? Que valores e crenças mantém? Que tipo de relacionamento está presente na sua vida, e como você se sente quanto a isso? Tenha clareza total na pessoa que você quer ser e ame-a incondicional e imediatamente. Saiba que **essa sua versão já existe dentro de você**, adormecida, mas esperando pacientemente ser trazida à vida conforme você segue os outros passos deste livro.

> O MAIOR PRESENTE QUE A MANIFESTAÇÃO PODE NOS OFERECER NÃO É NOS AJUDAR A ATRAIR BENS MATERIAIS, MAS NOS AJUDAR A LIBERTAR NOSSA VERSÃO MAIS EMPODERADA, AUTÊNTICA, ORGULHOSA E VERDADEIRAMENTE MAGNÍFICA.

Sempre que quero mergulhar na visualização do meu futuro, uso meditação: apenas me sento em um espaço tranquilo e me concentro na respiração, em como minha barriga sobe e desce enquanto inspiro e expiro. Ao trazer toda a minha consciência ao momento presente, relaxo a mente e o corpo. Nesse estado, deixo a imaginação avançar no tempo e começo a criar as visualizações, preenchendo-as com detalhes vívidos e conjurando sentimentos e emoções potentes. Em geral, passo de dez a quinze minutos atenta às visualizações e repito essa meditação de duas a três vezes por semana.

Se isso for novidade para você, sugiro que comece a escutar meditações guiadas, pois elas serão de grande ajuda para chegar ao estado de relaxamento ou conduzir à visualização. Há milhares de opções disponíveis na internet — explore-as para encontrar uma voz narrativa com a qual você se conecte. Adoro usar o YouTube como recurso para meditações de visualização. Aplicativos como Calm e Headspace também fazem muito sucesso e oferecem uma variedade de meditações que ajudam a relaxar. Você também pode visitar meu site, onde disponibilizei algumas meditações de manifestação específicas para ajudar suas visualizações (www.roxienafousi.com).

FAQ

Pergunta: Posso manifestar mais de uma coisa ao mesmo tempo?
Resposta: Sim, sim, sim! Muitos de nós queremos manifestar várias coisas ao mesmo tempo. Desde que elas estejam alinhadas entre si, você pode perfeitamente manifestá-las em conjunto. Durante a meditação de visualização, contudo, tente se concentrar em um objetivo ou resultado desejado por vez, para mergulhar fundo em cada experiência imaginada.

Quando tiver uma ideia de aonde quer chegar, quem quer se tornar, e o que quer manifestar, pode criar um **quadro de visualização**. Um quadro de visualização é uma representação visual de como você quer que sua vida seja. Fazer um quadro de visualização criativo permite que você enxergue com mais clareza todas as coisas que quer manifestar, além de acrescentar mais uma dimensão à visualização.

Nota: Quando estiver visualizando seu objetivo ou criando um quadro de visualização para sua vida perfeita, faça a escolha consciente de ser honesto sobre o que *você* quer. Em outras palavras, é importante não escrever o que você *acha* que deveria querer, ou o que outra pessoa quer por você — por exemplo, seus pais, professores ou seu parceiro. Para que o quadro seja eficiente, deve representar com sinceridade a pessoa que você verdadeiramente quer se tornar. Você também não pode comparar sua manifestação com a de outra pessoa: não precisa querer uma mansão só porque é o que sua melhor amiga quer. O mais importante, no entanto, é que a manifestação não é uma mera questão de atrair *coisas* para a vida. Na verdade, é questão de empoderar você para alcançar uma vida plena — e é importante estar ciente de que os clichês são verdade: satisfação e alegria autênticas não vêm de bens materiais, mas dos relacionamentos; do senso de propósito; e da habilidade de ter uma vida que reflita nossa versão mais autêntica. Portanto, quando estiver decidindo o que deseja manifestar, escolha as coisas que trarão o máximo de satisfação e saiba que você é a única pessoa capaz de decidir quais são.

COMO CRIAR O QUADRO DE VISUALIZAÇÃO

Se pesquisar na internet, encontrará diversas formas de criar um quadro de visualização. Não há jeito certo nem errado. Dá para criar o quadro à sua maneira, desde que você faça algo que ajude a visualizar a vida que deseja manifestar.

Você pode planejar o seu próprio quadro de visualização ou me acompanhar no que apresento aqui:

1. Crie um clima
Acenda velas, ouça música relaxante e crie um ambiente calmo e meditativo. Faça desse exercício de criar um quadro de visualização um acontecimento sagrado, no qual você pode se deleitar.

2. Escolha o modo
Pegue uma folha grande de cartolina ou papel, e escolha se prefere escrever os objetivos com canetas coloridas (em forma de lista ou com descrição fluida) ou se quer usar imagens (desenhadas ou recortadas de revistas e jornais, representando as coisas que quer atrair).

Escolha o que achar mais atrativo — e se divirta.

3. Escolha o prazo
No alto da página, escreva a data exata na qual quer ter manifestado o que está no quadro de visualização.

Você pode escolher um plano de seis meses, um ano ou até cinco anos. Pessoalmente, gosto de fazer as três versões.

Às vezes, vejo que as pessoas têm dificuldade de saber — e visualizar — o que querem da vida dali a um ano, mas podem achar muito mais fácil visualizar a vida dali a cinco anos, e vice-versa. Então, caso se sinta empacado, lembre-se: você sempre pode escolher outro prazo.

4. Entre na onda
Antes de começar a incluir coisas no quadro, certifique-se de já estar incorporando a sensação da sua futura versão.

Pare um momento, respire fundo e se imagine exatamente daqui a seis meses, um ano ou cinco anos. Crie uma imagem mental clara e vívida, e se pergunte as seguintes coisas:

- Como me sinto por dentro?
- Que tipo de relacionamentos me rodeiam?
- Em que tipo de casa moro?
- Qual é minha profissão?
- Do que mais sinto orgulho?
- O que quero mudar na minha vida?
- O que quero manter igual?

Nas respostas às perguntas, permita-se completa liberdade nos sonhos, desejos e vontades. Não deixe o medo conter sua imaginação; em vez disso, permita que o pensamento transporte você para o ponto exato em que quer estar. Mergulhe na visualização e deixe a imagem do futuro ganhar vida.

5. Separe a vida em categorias*
Divida o quadro em seis categorias:

- Desenvolvimento pessoal (i.e., crescimento pessoal/como você quer se sentir)
- Amor e romance
- Carreira
- Amizades e família
- Casa/lar
- Hobbies/diversão

---

* Essa etapa é opcional. Pessoalmente, adoro essa parte, porque me ajuda a esclarecer o que quero em todas as áreas da vida, em vez de só me concentrar em uma parte.

6. Projete sua vida

Para cada categoria, escreva todos os itens a manifestar. Se estiver usando imagens recortadas, como uma foto da sua casa dos sonhos, cole-as no quadro.

Eu tentaria incluir um mínimo de três coisas por categoria, mas não há limite de quantas você pode acrescentar ao quadro de visualização.

7. Guarde

Depois de criar o quadro de visualização, guarde-o em um lugar seguro e programe um lembrete para voltar a olhá-lo na data que escreveu como prazo.

> Conforme os itens do quadro de visualização forem se manifestando na sua vida e você começar a se tornar a pessoa que sempre quis ser, seus desejos e objetivos podem mudar ou expandir. Enquanto você cresce, seus sonhos também crescem. Siga esse fluxo e seja flexível nas visualizações. Se quiser acrescentar algo ao quadro ou tirar alguma coisa, fique à vontade para fazer isso.
>
> **Lembre-se: você tem a função de designer, curador e arquiteto da sua vida, e sempre tem o poder de reorganizar, alterar e decidir como quer que ela seja.**

Saber o que quer é o primeiro passo de qualquer processo de manifestação. Antes de passar para os próximos passos, no entanto, quero que lembre uma coisa:

Para entender de verdade a pessoa que queremos nos tornar e começar essa trajetória rumo à nossa versão mais empoderada, **primeiro precisamos abandonar a pessoa que fomos e a pessoa que achamos que deveríamos ser**. Nosso passado foi igualmente responsável por nos trazer aonde estamos hoje e por nos impedir de chegar aonde queremos ir. Muitos de nós temos a crença inconsciente de sermos imutáveis. Quantas vezes você já ouviu, ou falou, que ninguém nunca muda? Como se fosse impossível mudar. Ou quantas vezes você já falou alguma coisa no estilo "Sempre fui assim" ou "É só meu jeitinho"? Embora pareçam inofensivas, essas expressões sustentam a crença de que só pode existir uma versão de quem somos. Isso cria uma falta de confiança na nossa capacidade de transformação, evolução e crescimento, retardando nossa trajetória. Mas a mudança não só é possível como inevitável. A pessoa que você foi ontem não é a pessoa que você é hoje, nem a pessoa que será amanhã. Então, ao avançar na jornada de manifestação, ao longo deste livro e além, encorajo você a honrar sua transformação diária.

A cada novo dia, celebre quem você é e a pessoa que quer se tornar, sem se ater ao passado. Tudo bem mudar de ideia, tudo bem querer outra coisa e tudo bem se tornar diferente. Jogue-se com tudo nessa e deixe a magia da manifestação impulsioná-lo à sua versão mais elevada.

A CADA NASCER DO SOL,
NASCEMOS DIFERENTES.

Ao embarcar na jornada de manifestação, tire tempo para considerar com sinceridade o que exatamente você quer do universo, conectando-se com o *motivo* para desejar aquilo e com o que sentirá ao tê-lo. Seja o mais específico possível nos sonhos e, se não conseguir visualizar uma "coisa", crie um sentimento. Experimente mergulhar de forma regular na visualização da sua versão futura, deixando a sensação mudar sua vibração de imediato e ao mesmo tempo conduzindo o cérebro a começar a guiá-lo na direção do objetivo. Além disso, divirta-se com os sonhos: crie um quadro de visualização que represente sua vida e deixe que ele se torne sua realidade enquanto continua a seguir meu guia de manifestação em sete passos.

PASSO 2

ELIMINE MEDO E INSEGURANÇA

*"Medo e insegurança sempre foram
os maiores inimigos do potencial humano."*

BRIAN TRACY

O que é mais importante entender a respeito da manifestação é o seguinte: você não se manifesta só por meio dos pensamentos conscientes. Isso também acontece por meio das crenças **inconscientes** a respeito do que você merece. Assim, **só é possível manifestar o que você *realmente* acredita merecer.**

De acordo com pesquisas, só 5% da atividade cognitiva é consciente e os 95% restantes ocorrem inconscientemente. Isso significa que 95% de pensamentos, reações, decisões, percepções e padrões de comportamento são guiados pelas partes inconscientes do cérebro. Considerando isso, é fácil entender por que o inconsciente tem influência tão profunda na realidade que criamos. Contudo, enquanto o inconsciente tem poder ilimitado para nos *levar* para nossos sonhos, também tem o poder de nos *impedir* de atingi-los. Isso ocorre porque o inconsciente é o lar das duas coisas que bloqueiam qualquer manifestação: *medo e insegurança*.

Medo e insegurança vêm na forma de dúvidas, crenças limitantes, sentimentos de demérito e falta de confiança na capacidade provedora do universo. Medo e insegurança sabotam nossas habilidades de manifestação ao mandar ao universo uma mensagem inconsciente, dizendo que não merecemos receber as coisas que desejamos ou que não estamos prontos para elas.

Medo e insegurança têm tanto poder que conseguem até nos impedir de *imaginar* o que queremos: efetivamente, criam bloqueios no Passo 1 da jornada de manifestação. Deixe-me exemplificar: tire um momento para visualizar o valor exato de renda que deseja manifestar no próximo ano. Anote esse valor em um pedaço de papel. Quando olha para o valor, pode dizer com sinceridade que é seu salário *dos sonhos*? Ou escreveu um valor que acredita ser "realista"?

> MEDO E INSEGURANÇA MUITAS VEZES SÃO LOBOS EM PELE DE CORDEIRO: DIZEM QUE ESTÃO PROTEGENDO A GENTE DA DECEPÇÃO INEVITÁVEL, SENDO QUE, NA VERDADE, ESTÃO NOS IMPEDINDO ATIVAMENTE DE DESTRANCAR A ABUNDÂNCIA DO UNIVERSO.

Agora, pergunte-se se, ao fazer o quadro de visualização no passo anterior, você abriu mão de escrever alguns dos seus desejos mais profundos porque algo no seu interior falou que não são possíveis e que, portanto, não valia a pena acrescentá-los. Suas crenças limitantes podem impedir que você até mesmo visualize o que quer da vida, como se afirmassem que seus sonhos são simplesmente impossíveis.

Em certa ocasião, minha melhor amiga, Leah, veio pedir minha ajuda para começar sua jornada de manifestação. Acendemos velas e montamos o ambiente, e eu a conduzi por uma meditação de visualização. Em seguida, pegamos folhas de cartolina colorida, revistas e canetas para começar a fazer os quadros de visualização. Ela estava hesitante, desistindo de escrever poucos minutos depois de recomeçar. Parei o que estava fazendo e lhe perguntei:

— O que você não está escrevendo?

— Só quero ser realista — respondeu ela.

Quando acabamos e mostramos nossos quadros uma para a outra, vi que ela tinha riscado "10 clientes novos" e trocado por "5 clientes novos". Perguntei por que ela tinha feito aquilo, e ela retrucou que não queria escrever para "o caso de não acontecer". Como ela é minha melhor amiga e conversamos incessantemente sobre nossos sonhos e esperanças, também percebi que ela tinha evitado escrever alguns dos seus desejos mais profundos. Uma coisa era certa: o medo e a insegurança tinham se apossado dela.

Eu fiz a mesma coisa no começo da minha própria jornada. Era véspera de ano-novo, e não queria que fosse igual aos dez anos anteriores, então decidi que *não* ia ficar bêbada naquela noite nem aguentar uma ressaca horrível no primeiro dia do ano. Em vez disso, ia passar a virada em casa, preparando minha comida preferida e montando quadros de visualização — o que, desde então, se tornou meu ritual de ano-novo. Eu estava começando a criar meu primeiro quadro de visualização de cinco anos e sentia muita resistência e dúvida ao longo do processo. Por exemplo, eu sonhava em subir ao palco para oferecer um dos meus workshops de desenvolvimento pessoal para uma grande plateia. O motivo? Quero empoderar a maior quantidade possível de pessoas, para que entendam e vejam dentro de si o poder infinito de cura e evolução, e assim viverem a melhor versão de suas vidas. Quero contribuir, de toda forma possível, para tornar o desenvolvimento pessoal uma moda tão difundida quanto roupas. É esse meu propósito, minha paixão e meu objetivo. No entanto, quando chegou a hora, não consegui incluir isso no quadro. Senti tanta vergonha com a chance daquilo não se concretizar que recusei até considerar meu sonho como possibilidade. Meu medo estava tentando me proteger da ameaça do fracasso, mas também estava me impedindo de manifestar o que eu queria.

Notei que criar um quadro de visualização pode fazer mais do que apenas ajudar a visualizar o que você quer manifestar: pode dar a oportunidade de entender com mais clareza os medos e as inseguranças que sente. Sempre que se refrear de escrever algo no quadro de visualização, pergunte-se: "Por que estou me reprimindo? Que crença limitante está me motivando?" Ao identificar seus medos e inseguranças nesse estágio, você se permite a oportunidade de começar o trabalho de cura e de remoção dos obstáculos para desobstruir o caminho de manifestar tudo que quiser.

Na hora de criar o quadro de visualização seguinte, me desafiei a escrever todos os meus sonhos, por maior ou menor que fossem, e me recusei a deixar as inseguranças me impedirem de fazê-lo.

QUANDO NOS PERMITIMOS SONHAR PLENAMENTE, NOSSOS MEDOS E INSEGURANÇAS NÃO TÊM ONDE SE ESCONDER.

Experimente: Se seu quadro de visualização foi limitado por medo e insegurança, volte para ajustá-lo, ou crie um quadro novo que represente honestamente tudo que você quer *de verdade*. Antes disso, diga para si: "Se medo e insegurança não fossem obstáculos, é isso que eu gostaria de manifestar em minha vida." Inclua todas as coisas que quer atrair.

Sonhe grande, não se reprima.

PARA MANIFESTAR *QUALQUER COISA* EM SUA VIDA, E PARA FAZÊ-LO COM EFICIÊNCIA E SEM ESFORÇO, VOCÊ *PRECISA* ACREDITAR SER DIGNO DE TÊ-LA. LEIA DE NOVO.

Por exemplo, vamos supor que você seja um artista e deseja manifestar sucesso na venda das suas obras. Você pode se visualizar expondo a obra de arte em uma galeria que ama e imaginar exatamente a sensação de vender a obra. Mas se no fundo não acreditar que é bom o bastante ou que não merece elogios e admiração, não conseguirá atrair o apreço para seu trabalho. Não atraímos apenas aquilo que sentimos, mas também aquilo em que acreditamos. **É simplesmente impossível manifestar quando o medo e a insegurança obstruem o caminho.** Por isso, para progredir em qualquer jornada de manifestação, é preciso primeiro identificar e depois remover os obstáculos do medo e da insegurança. É o que chamo de *trabalho interior*. É o *desenvolvimento pessoal em ação*. Nesse momento, é importante reconhecer que o trabalho interior exigido para eliminar medo e insegurança é contínuo. Algumas das suas crenças limitantes podem ser relativamente fáceis de notar e abandonar, enquanto outras podem ser mais enraizadas e exigir mais atenção, tempo e comprometimento para não terem mais o poder de limitar você.

A maioria de nós tem uma lista gigantesca de crenças limitantes, inseguranças e dúvidas, que acumulamos desde o início da infância. Elas atormentam a mente consciente e inconsciente, e nos impedem de desbloquear nosso potencial por inteiro. É por isso que você voltará diversas vezes ao Passo 2 no meu guia ao longo da sua jornada de manifestação.

> **FAQ**
>
> Pergunta: O que é uma crença limitante?
>
> Resposta: Crenças são formadas quando pensamentos foram tantas vezes repetidos que se tornaram automáticos. As crenças motivam o comportamento. Assim, quando uma crença nos restringe de alguma forma, se torna uma crença limitante. Por exemplo, se crescemos ouvindo várias vezes que não merecemos amor, acabamos acreditando que é verdade, e nosso comportamento será guiado por esse sistema de crenças. Isso pode significar que, mais velhos, aceitamos ser maltratados ou procuramos inconscientemente relacionamentos tóxicos que sustentem essa crença limitante.
>
> Crenças podem ser formadas na infância, na adolescência e na vida adulta.

Antes de continuar, eu gostaria de contar uma historinha sobre minha relação com o medo e a insegurança.

Quando penso na minha vida antes de descobrir a manifestação, vejo que me afogava em insegurança. Meu ódio por mim mesma era debilitante, e minha falta de autorrespeito impactava todas as áreas da vida. Na época, eu era consciente desse fato (minha crítica interna era muito barulhenta para ser ignorada), mas tudo vinha de um lugar muito profundo: das minhas experiências passadas e de lembranças que viviam no inconsciente. Minha jornada para eliminar medo e insegurança foi a mais valiosa e profunda em que já embarquei. É uma jornada ainda contínua, e trabalho esse passo todo dia. Tornei-me bastante consciente dos meus pensamentos e, quando o medo e a insegurança começam a se pronunciar, tiro um tempo para notá-los, considerar de onde vêm e agir de imediato para curá-los, usando algumas das ferramentas que apresentarei em breve.

Uma das minhas (muitas) crenças limitantes era a seguinte: eu nunca alcançaria o sucesso sozinha. Quando mais jovem, eu sempre quisera garantir estabilidade financeira na vida. Como muitas pessoas, queria me sentir confortável em uma casa que amava, sem ter que me preocupar com contas e com o sustento de filhos. No entanto, aprendi na infância que, para isso acontecer, eu precisaria de um marido provedor. Eu me convenci de que não era capaz nem inteligente o bastante para ser uma mulher bem-sucedida e independente por conta própria. Até que, aos 21 anos, me apaixonei profunda e perdidamente por um homem 25 anos mais velho. Eu era muito louca por ele, e os dois anos que passamos juntos na época foram como um conto de fadas. Ele me fazia sentir segura e adorada, compartilhava muita sabedoria e me ensinava muito, o que moldou a pessoa que me tornei hoje. Contudo, ele também era um homem incrivelmente bem-sucedido e rico, e me oferecia um estilo de vida que eu não teria encontrado de outra forma naquele momento. Isso reforçou minha crença limitante de que eu precisava ser sustentada por outra pessoa. Comecei a escorar todo meu valor e autorrespeito nele e, quando o relacionamento acabou abruptamente, fiquei devastada e sofri uma perda completa de identidade. Na verdade, antes de descobrir a manifestação, eu usava *todos* os meus relacionamentos românticos para me sentir validada. Na minha cabeça, meu valor era o do homem com quem me envolvia, e meu respeito por mim sempre estava diretamente relacionado à pessoa ao meu lado.

Na época, eu não estava nem um pouco ciente de estar presa nesse padrão, mas não é surpresa eu não ter ganhado quase dinheiro nenhum durante esse tempo. Não conseguia manter empregos, não tinha direção, propósito nem motivação. Meus medos e inseguranças me impediam de manifestar produtividade e independência financeira, e de encontrar minha própria luz.

Pouco depois de descobrir a manifestação, como já descrevi, conheci Wade, pai do meu filho e agora meu melhor amigo. Dessa vez, tinha conhecido um igual, e não alguém em quem eu procurava validação ou que me levaria para o mundo dele, permitindo que eu fugisse do meu. Em vez disso, Wade me ofereceu algo muito mais mágico: apoio emocional ímpar, amor incondicional e a liberdade de ser completa e plenamente quem eu sou. Acredito que conhecer Wade foi uma das melhores coisas que já me aconteceu, não só por causa do nosso lindo filho, mas também pela impressão de que eu não teria investido tanta concentração e foco na construção da minha carreira sem que ele estivesse ao meu lado, me ajudando a ver que *eu era suficiente*.

Conforme fui manifestando mais e mais, por fim notei que eu era completamente capaz de me fornecer toda a estabilidade financeira e validação com que sonhava. Não precisava que alguém me sustentasse. Sabia que as únicas coisas que tinham me impedido eram o medo e a insegurança. Medo de não ser inteligente, merecedora ou boa o bastante, e uma insegurança inconsciente, influenciada pela minha criação e pela mídia, sobre a capacidade de uma mulher desenvolver uma carreira bem-sucedida. Trabalhei em cada medo e insegurança e me comprometi a curá-los. De 2018 a 2020, minha renda aumentou dez vezes. Agora, escrevendo isto, tenho orgulho de dizer que forneci a mim mesma toda a estabilidade financeira com que sonhava quando criança. Posso levar meu filho em viagens de férias, pagar as contas sem preocupação e mimar as pessoas que mais amo. Esse poder sempre esteve em mim, eu só precisava libertá-lo.

IDENTIFIQUE MEDO E INSEGURANÇA

Quando olhar para tudo que quer atrair na sua vida, você precisa, de início, mostrar abertura e honestidade para reconhecer medos e inseguranças em relação à sua capacidade de manifestar.

Comece com algumas perguntas:

- o Acredito mesmo que mereço isso?
- o Confio na minha capacidade de dar conta disso?
- o Acredito mesmo que isso é possível para mim?
- o Que inseguranças tenho atualmente em relação a isso?
- o Que crenças limitantes estão me reprimindo?

Convido você a pensar por um momento em algo que queira manifestar, uma coisa só. Visualize com clareza e passe alguns minutos tentando identificar medos e inseguranças que vêm à mente quando você pensa em ter essa coisa. Identifique tudo o que puder e escreva no espaço a seguir.

> **Nota:** Por mais sutil que seja a voz interior que impede você de acreditar plenamente em si, traga-a à luz e escreva. Mesmo se os pensamentos parecerem irracionais ou absurdos, escreva. Reconhecer cada detalhe do medo e da insegurança vai lhe dar forças para deixá-los para trás.

O que eu quero manifestar?

....
....
....
....
....
....

Que medos e inseguranças tenho a respeito disso?

....
....
....
....
....
....

Olhe para os medos e inseguranças que identificou e entenda: **essas crenças limitantes e dúvidas estão impedindo você de alcançar uma vida plena**. Quanto mais ciente se tornar delas, menos poder elas terão. Consciência é sempre o ponto de partida para jornadas de desenvolvimento pessoal. Só de completar esse exercício e identificar suas crenças limitantes, você já iniciou o processo de cura.

Sugiro que repita esse exercício para cada coisa que quiser manifestar ou em qualquer momento que se sentir empacado no processo, para ajudar a reconhecer seus bloqueios atuais. Torne-se um observador atento dos seus pensamentos cotidianos e, quando as vozes da insegurança começarem a se pronunciar, repare. Quanto mais fácil for identificá-las, mais rápido será superá-las.

ELIMINE MEDO E INSEGURANÇA

Eliminar medo e insegurança é o desenvolvimento pessoal em ação. É o trabalho com que nos comprometemos todo dia: a eliminação de crenças limitantes, o reconhecimento do nosso valor, a liberação do nosso potencial e redescoberta da confiança interna com que nascemos. É o trabalho interior com o qual nos comprometemos para ter sucesso na manifestação da vida que sonhamos. É o trabalho que fazemos para viver uma vida sem as limitações da insegurança e que floresça com o poder do universo.

Então, como fazer isso? Há modos infinitos de começar a curar medo e insegurança, mas aqui estão quatro métodos que achei especialmente poderosos e quero compartilhar com você:

1. Domine seus pensamentos
2. Atente-se à linguagem
3. Use mantras
4. Pratique visualização

> **Nota**: Para alguns leitores, o medo e a insegurança podem nascer de um trauma ou pode ser muito pesado começar o processo sem auxílio. Se for seu caso, trabalhar junto a um psicólogo, terapeuta holístico, psiquiatra, psicoterapeuta ou outro profissional da área de saúde mental talvez seja um investimento necessário e valioso para ajudar na cura e no trabalho de remoção de medo e insegurança, junto às sugestões a seguir.

1. Domine seus pensamentos

Comecei este capítulo com uma lição importante: não manifestamos só a partir dos pensamentos conscientes, mas também das crenças inconscientes sobre o nosso mérito. Apesar de ser verdade, não devemos subestimar o poder dos pensamentos e a influência contínua que têm no inconsciente.

> A MENTE INCONSCIENTE OBEDECE À MENTE CONSCIENTE, ENTÃO O QUE PENSAMOS DE MODO CONSCIENTE SERÁ PERCEBIDO COMO VERDADE PELO INCONSCIENTE.

Como você fala de você para si mesmo? A maioria de nós tem uma voz mental que fala conosco de modo bastante cruel. Ela nos diz que somos indignos, desagradáveis, idiotas, nojentos, entediantes e inúmeras outras características desempoderadoras. Essa voz é a expressão dos nossos medos e inseguranças. Nos meus webinars, faço um exercício em que peço a todo mundo que diga algo gentil a respeito de si. Por exemplo, encorajo que repitam, em silêncio ou em voz alta: "Sou maravilhoso, sou lindo, as pessoas na minha vida têm sorte de me conhecer, sou perfeito desse jeito mesmo, eu me amo." Depois, peço que me digam como foi a sensação de fazer isso. A maioria sempre diz que achou bobo e desconfortável falar assim, mesmo que ninguém mais ouvisse. Peço, então, para dizerem alguma coisa na linha de "Não valho nada, nunca sou suficiente" e pergunto a sensação. Muito fácil, respondem. Faço esse rápido exercício para demonstrar como é natural e automático falarmos conosco de modos limitantes, e como nos desafia e exige esforço falar conosco com amor e respeito.

Eu me identifico com essas pessoas, passei duas décadas me olhando no espelho e dizendo: "Você é horrorosa, é uma inútil, uma vergonha, nunca vai ser suficiente." Passava quase todo dia me criticando apenas por ser quem sou, e minha voz interior alimentava de forma constante minha autoestima devastadoramente baixa. *Eu dei voz à minha insegurança e, com voz, ela cresceu.* Chegou um momento, contudo, em que eu estava exausta disso e não tinha mais energia para me agredir verbalmente assim. Talvez você também sinta a mesma coisa. Notei que nunca conseguiria exercer todo o meu potencial e despertar a vida dos meus sonhos se continuasse falando comigo daquele jeito.

Escolhi começar a me valorizar e a torcer por mim. Fiz isso até mesmo quando era desconfortável. Falei coisas gentis e carinhosas para mim, porque sabia que meu inconsciente ouviria e acreditaria na verdade, mesmo que eu duvidasse. Quando comecei a escolher pensamentos que me apoiavam e me empoderavam, senti uma mudança interna na minha confiança. Se eu sentisse que estava prestes a dizer alguma coisa negativa ou limitante, me continha e, em vez disso, dizia: "Você está fazendo um ótimo trabalho. Pode conquistar tudo que quiser. Você é forte. Vai conseguir. Está tudo bem." Eu sabia que, ao usar a força dos pensamentos dessa forma, estava intensificando meu poder de manifestação. Em um mês, notei que começava a tratar aquilo com naturalidade, e, em dois meses, essa se tornou minha voz interior predominante. Comecei mesmo a acreditar no que dizia e era sincera ao dizer para mim mesma "Arrasou!" e "Você devia estar orgulhosa!". Dominei meus pensamentos para superar o medo e a insegurança. Encorajo todos vocês a também torcerem por si.

SE SABEMOS QUE O INCONSCIENTE NOS CONDUZ À MANIFESTAÇÃO, PRECISAMOS USAR A MENTE CONSCIENTE PARA INFLUENCIAR AS CRENÇAS INCONSCIENTES. PRECISAMOS ALIMENTAR O INCONSCIENTE COM PENSAMENTOS EMPODERADORES PARA AUMENTAR NOSSO AMOR-PRÓPRIO E INTENSIFICAR O PODER DE MANIFESTAÇÃO.

Os pensamentos moldam a realidade de outro modo também. Lembre-se de que, na introdução, expliquei que pensamentos geram emoção e que cada emoção tem uma frequência vibracional diferente. Isso significa que, se dominarmos os pensamentos, conseguimos mudar nosso estado emocional e, se mudarmos nosso estado emocional, podemos mudar nossa vibração. Se mudarmos a vibração, mudamos a realidade.

Então, quando escolhemos conscientemente pensar em coisas positivas e fortalecedoras que ativem emoções de vibe alta (confiança, entusiasmo e esperança, por exemplo), atrairemos mais abundância, de acordo com a lei da atração. Contudo, se deixarmos o medo e a insegurança se expressarem continuamente como uma voz negativa ou um crítico interno, eles vão diminuir nosso autorrespeito, ativar emoções de vibe baixa (medo, vergonha, desespero ou preocupação, por exemplo) e bloquear nossa manifestação.

Só pensamos em uma coisa por vez. Lembro que, quando ouvi isso pela primeira vez, me perguntei por que algo tão óbvio nunca me ocorrera. Se só pensamos em uma coisa por vez, então, com certeza, podemos *escolher* substituir um pensamento negativo por um positivo, não é? A resposta é: sim.

No entanto, somos criaturas de hábitos não só no que fazemos, mas também no que pensamos. A Fundação Nacional de Ciência, uma agência de saúde independente dos Estados Unidos, descobriu que temos, em média, até 60 mil pensamentos por dia, sendo 80% negativos e mais de 90% repetitivos. Para começar a desconstruir modos de pensar repetitivos, negativos e limitantes, precisamos nos *comprometer* à prática consistente e a repetidamente **escolher nutrir a mente, substituindo pensamentos negativos por pensamentos empoderadores**. Comprometa-se da mesma forma que se comprometeria a formar qualquer outro novo hábito.

Sempre que se pegar pensando "E se não der certo?", pergunte-se "E se der?". Em vez de dizer "Não sou bom o bastante", diga "Sou perfeito do meu jeito". Em vez de imaginar o pior resultado possível, imagine o melhor. Lembre-se de que você tem o dom da escolha, então escolha um pensamento que impulsione você, em vez de um que o limite.

NÃO PERMITA QUE PENSAMENTOS NEGATIVOS CIRCULEM LIVREMENTE, SEM REGULAÇÃO NEM CONTENÇÃO. ASSUMA O CONTROLE E COMECE A PRATICAR A REGULAÇÃO DOS PENSAMENTOS, PARA QUE FUNCIONEM A SEU FAVOR EM VEZ DE PREJUDICAR VOCÊ.

Assim como substituir pensamentos, podemos também trabalhar na remoção do medo e da insegurança por meio da **reestruturação da perspectiva**.

Temos sempre a oportunidade de escolher a lente pela qual enxergamos uma experiência. A perspectiva que tendemos a escolher costuma ser ditada pelo nosso estado de ânimo e autorrespeito, e pelas nossas expectativas, experiências passadas e sistemas de crença. É por isso que duas pessoas podem viver exatamente a mesma situação e percebê-la de modo muito diferente. Por exemplo, você já foi com um amigo a um restaurante e, no fim, um de vocês considerou a noite perfeita e o outro achou o restaurante muito barulhento, a comida medíocre e o serviço desleixado? Ou já leu um e-mail de um colega de trabalho quando estava de mau humor e sentiu-se pessoalmente atacado e bastante furioso, mas, ao reler no dia seguinte, notou que tinha interpretado mal o tom?

Nossa perspectiva é afetada por muitos fatores externos, mas sempre temos o poder de escolher o que nos servirá melhor. Na verdade, reestruturar minha perspectiva é a técnica que uso com mais frequência para superar medos e inseguranças que surgem ao longo do dia. Sempre que começo a temer alguma coisa ou duvidar dela, paro e vejo se posso me oferecer uma nova perspectiva. Por exemplo, semana passada liguei para minha irmã para falar que estava chateada e decepcionada porque um artigo que eu escrevera não havia sido publicado. Minha crítica interna estava tentando me convencer de que isso tinha acontecido porque meu trabalho era ruim e porque a editora tinha decidido que não queria mais que eu publicasse naquela revista. Depois de falar isso em voz alta, lembrei que tinha a oportunidade de escolher outra perspectiva. Por isso, optei por concentrar meus pensamentos no meu orgulho por ter escrito o artigo e na gratidão por ter sido convidada a fazê-lo. Pensei em três possibilidades alternativas para o artigo ainda não ter sido publicado, nenhuma das quais tinha a ver comigo: a editora não tinha visto o e-mail, precisava publicar outros artigos antes, tinha decidido trabalhar aquele tema de outro modo. Em meros minutos, deixei de lado minha perspectiva negativa e aceitei uma perspectiva mais libertadora. O artigo foi publicado na manhã seguinte.

Quando você notar que está se baseando em medo e insegurança para interpretar uma situação, pergunte-se: "Que outra perspectiva posso escolher? Como posso reestruturar meu pensamento nesse caso?"

Por exemplo, se sair com alguém e, no dia seguinte, não tiver notícias da pessoa, você pode escolher que perspectiva adotar. Se permitir que o medo e a insegurança ditem sua perspectiva, talvez comece a questionar o que fez ou disse de errado, ou decida que é sinal de que você nunca encontrará seu par ideal, ou pode impedir oportunidades de relacionamento futuras por medo da rejeição. No entanto, se optar por uma perspectiva mais fortalecedora, pode considerar que talvez a outra pessoa não esteja em um bom momento para esse encontro, que vocês não faziam um bom par, e que você ainda mostrará empolgação na jornada para encontrar a alma gêmea.

> LEMBRE-SE: MANIFESTAMOS O QUE ACREDITAMOS MERECER.

Comece a tomar consciência dos seus pensamentos e escolha substituir as expressões de medo e insegurança por pensamentos e perspectivas que elevarão sua valorização pessoal e sua crença em si.

2. Atente-se à linguagem

A linguagem que usamos, tanto internamente quanto em voz alta, alimenta de forma direta o inconsciente. Assim como os pensamentos, se a linguagem que usamos não for regulada, ela trabalhará contra nós, estimulando nossos medos e inseguranças.

Há algumas formas fáceis de usar a linguagem para ajudar a manifestar com mais eficiência:

Elimine a palavra "se" e substitua por "quando"
Quando as pessoas falam do que querem manifestar ou dos objetivos que querem atingir, em geral usam a palavra "se". Por exemplo: "Se eu arranjar esse emprego...", ou "Se eu conhecer alguém...". A palavra "se" diz para o universo: "Não sei se isso vai mesmo acontecer nem confio plenamente." **A insegurança fica destacada no "se", e não é possível manifestar a partir da insegurança.** Daqui em diante, peço que você nunca mais use a palavra "se". Em vez disso, diga "quando". Por exemplo: "Quando eu arranjar meu novo emprego...", ou "Quando conhecer meu parceiro perfeito...". Ao falar do futuro usando uma linguagem que reflete certeza, seu inconsciente responderá dirigindo tudo à obtenção desse objetivo.

Fale do que *quer*, não do que não quer
Se você agora me dissesse uma coisa que não quer que aconteça de jeito nenhum, teria que imaginar como seria se *acontecesse*. Ou seja, ao falar do que não queremos, o inconsciente vive aquela experiência nos planos mental e emocional. Como agora sabemos, isso leva a nossa vibração para a da experiência imaginada e indesejada, e é isso que atrairemos. Portanto, quanto mais falamos do que não queremos, mais é isso que aparecerá para nós.

Em vez disso, simplesmente descreva o que *quer*. Por exemplo, em vez de dizer "Não quero mais dívida", diga "Quero liberdade financeira". Ou, em vez de dizer "Odeio estar solteiro", diga "Estou animado para encontrar um relacionamento saudável e amoroso quando for a hora certa".

Use sua consciência para garantir que, em vez de expressar o que teme que aconteça ou o que espera que não aconteça, você concentre energia no que *quer*, para poder trazê-la à realidade.

Faça trocas atentas

Há linguagem que nos dá poder e linguagem que nos limita. A linguagem que usamos é importante. Quando nos tornamos mais conscientes da linguagem que usamos, conseguimos implementar algumas trocas simples e eficientes para nos ajudar a impulsionar o poder da manifestação. Por exemplo, sempre que se pegar dizendo "Não consigo" ou "É muito difícil", você pode optar por, em vez disso, dizer "Vou dar um jeito". **Lembre que seu inconsciente, a partir do qual você manifesta, obedece à mente consciente e ouve a linguagem que você usa.**

Tive um cliente que enfrentava muita dificuldade para falar em público. Ele dizia que, toda semana, quando começava a reunião de equipe na segunda-feira de manhã, as mãos dele suavam e ele ficava agitado e febril só de pensar em se apresentar. Isso estava interferindo com os fins de semana, de tão forte que era a ansiedade. Nas nossas conversas, ele usava muitas frases na linha de "Odeio falar em público", "Não sou nada eloquente", "Sou péssimo em reuniões". A linguagem limitante estava alimentando seus medos, mas esse modo de falar se tornara tão automático que ele nem reparava. Eu o encorajei a reparar por uma semana nos momentos em que estava prestes a falar dessa forma e, em vez disso, pensar "Amo conseguir compartilhar minhas ideias com outras pessoas", "Sinto gratidão por fazer parte de uma equipe que ouve o que tenho a dizer" ou "Sou muito confiante ao falar". Lembrei-lhe que era normal sentir certo desconforto ao falar essas coisas, mas que ele deveria se comprometer a isso mesmo assim. Quando chegou a reunião seguinte, ele me contou que, apesar da voz tremer nos primeiros segundos, conseguiu concluir a apresentação sem gaguejar como antes. Vi o orgulho que ele sentiu de si ao me contar a história, e também fiquei orgulhosa. Na semana seguinte, o cliente fez a mesma coisa, e na outra, ele me contou, com as próprias palavras, que estava animado para compartilhar uma novidade com a equipe na reunião seguinte. Ao mudar a linguagem que usava, ele conseguiu superar o medo e a insegurança, e aumentou sua autoestima em relação a falar em público.

Quando mudamos a linguagem, mudamos as experiências.

Eis alguns exemplos de trocas simples que você pode fazer:

Vibe baixa/ autoestima baixa	Vibe alta/ autoestima alta
Não consigo.	Consigo fazer tudo que decidir fazer.
Nunca terei sucesso.	Farei meu melhor, e já basta.
Não sei como fazer.	Posso pedir ajuda para entender.
Não sou suficiente.	Sou capaz de qualquer coisa.
Não vai dar certo.	Tudo vai acontecer exatamente como deveria.
Tenho medo de fracassar.	Estou animado para tentar.

Torne-se consciente da linguagem que usa e faça trocas atentas sempre que possível, para continuar a alimentar o inconsciente com pensamentos nutridores, que impulsionarão seu autorrespeito, sua crença em si e a habilidade de atrair abundância.

Aceite elogios

Muitos de nós crescemos com a crença de que falar com confiança de nós mesmos transmite aos outros uma impressão de arrogância, vaidade ou pedantismo. Por isso, adotamos linguagem autodepreciativa e aprendemos a nos diminuir na tentativa de sermos mais agradáveis. Tire um segundo para pensar em todas as ocasiões em que alguém elogiou você ou deu parabéns pelas suas conquistas: quantas vezes você respondeu com recusa, objeção ou diminuindo seu sucesso?

Essa forma de responder a elogios tornou-se muito natural, mas tem efeitos mais negativos na autoestima do que você pode imaginar. Quando um amigo diz "Uau, você está radiante e espetacular hoje", e você responde "Ai, não, estou horrível", você manda uma mensagem ao inconsciente de que está mesmo horrível.

Pouco a pouco, conforme desprezamos e rejeitamos os elogios e louvores que recebemos de outras pessoas, vamos desgastando sutilmente nosso autorrespeito. Daqui em diante, comprometa-se a praticar um nível maior de abertura e gratidão quando alguém elogiar você. Tire um momento para de fato ouvir o que disserem e responda só com essa palavra mágica: "Obrigado."

Quando nos abrimos para receber expressões de amor ou elogio de outras pessoas, simultaneamente começamos a mudar nossas crenças inconscientes. É uma mudança simples e eficiente, que eu adoro.

3. Use mantras

Mantra é uma palavra, frase ou som que você pode repetir em voz alta ou mentalmente a qualquer momento, para ajudar a tomar consciência, relaxar o estresse e aumentar a vibração.

Quando discuto o uso de mantras no contexto da manifestação, me refiro ao uso de uma frase afirmativa e positiva, como "Eu tenho valor".

Podemos usar mantras para mandar mensagens positivas ao inconsciente e substituir pensamentos negativos. Por exemplo, se seu medo e sua insegurança começarem a se pronunciar como "Você não é suficiente", você pode substituir o pensamento por um mantra como "Sou perfeito exatamente assim".

Quando incorporamos mantras na rotina cotidiana — por exemplo, pela manhã ou à noite antes de dormir —, podemos reprogramar o inconsciente, alimentando-o de forma regular com linguagem positiva e empoderadora.

Mantras são uma das minhas ferramentas preferidas de desenvolvimento pessoal, e incorporá-los na minha vida tem sido parte integral da minha jornada com a manifestação. Quando repito um mantra, seja em voz alta ou em silêncio, de imediato me sinto mais centrada e empoderada. Mas achei a experiência muito embaraçosa quando comecei a usá-los. Eu me senti boba e envergonhada por dizer "Eu tenho valor", sendo que, na época, não sentia valor nenhum em mim. No entanto, mesmo assim me comprometi com o hábito, porque sabia que estava mexendo em um nível mais profundo, o nível inconsciente, o nível a partir do qual manifestamos. Depois de poucos dias repetindo essas declarações afirmativas ao acordar, notei que as dizia com mais facilidade, sem aquela sensação constrangedora e desconfortável. Em uma semana, consegui concentrar a atenção às palavras que dizia e sentir a energia toda mudar. Agora, nunca passo um dia sequer sem repetir um mantra para mim. Sempre repito um ou dois mantras de manhã, para começar o dia da melhor forma possível, e também quando preciso de uma dose extra de energia.

> **Experimente:** Após escrever um mantra, deixe-o em um lugar que você veja todo dia — por exemplo, no plano de fundo do celular ou grudado ao espelho do banheiro. Sempre que o ler, repita-o cinco vezes. Gosto de mudar meu mantra toda semana, para dar tempo à mensagem de se aprofundar bastante no inconsciente.

Eis algumas ideias de mantras para começar. Escolha um ou dois por semana e repita cinco vezes pela manhã e mais cinco pela noite. Ao lê-los agora, repita-os com calma algumas vezes e perceba a rapidez com que você consegue mudar sua energia.

- Amo a pessoa que sou hoje.
- Tenho poder ilimitado.
- Sou grato por tudo que tenho.
- Amo minha vida.
- Sinto calma e paz.
- Irradio vitalidade e energia.
- Tenho poder infinito para manifestar tudo o que desejar.
- Atraio consistentemente abundância à minha vida.

Um jeito de usar mantras para reprogramar as crenças inconscientes é ouvir uma **faixa de afirmação positiva**. Uma faixa de afirmação positiva é uma faixa longa de áudio que repete mantras cíclicos, em geral junto à música de meditação. Recomendo a ferramenta a todos com quem trabalho, de tão poderosas e eficientes que são as afirmações na jornada de manifestação.

Como funcionam? Bem, o inconsciente chega ao nível mais suscetível a mensagens positivas três vezes ao dia: quando adormecemos, quando acordamos e quando entramos em estado meditativo. Isso ocorre porque, nesses momentos, o cérebro opera entre as frequências de ondas alfa e teta, ideais para visualização, criatividade e aprendizado. Ouvir faixas de afirmação positiva nesses momentos específicos permitirá que o inconsciente absorva com mais eficiência as mensagens positivas e, ao fazê-lo repetidamente, formará novos caminhos neurais no cérebro para sustentar uma perspectiva mais empoderada e, assim, com maior força de atração. Também ajudará a superar crenças negativas e limitantes motivadas por medo e insegurança.

Comecei a usar afirmações positivas bem no início da minha jornada de manifestação, ouvindo-as na hora de dormir, e ainda pego no sono quando as escuto toda noite, mesmo três anos depois. Ouvia faixas que encontrava no YouTube ao pesquisar "afirmações positivas" e escolhia os vídeos com que mais me conectava. Hoje, contudo, uso as faixas que eu mesma criei, disponíveis em inglês no meu site (www.roxienafousi.com). Quando encontrar uma faixa de que goste, recomendo usá-la por algum tempo: a mente se condiciona a uma faixa específica, então, assim que der *play*, o cérebro saberá que é hora de relaxar, o que ajudará a mergulhar mais rápido no estado meditativo e suscetível.

Se estiver trabalhando na manifestação de um objetivo específico, sugiro ouvir afirmações com foco nesse objetivo. Por exemplo, se quiser manifestar uma promoção na carreira, ouça afirmações com foco profissional toda noite por duas semanas. Da mesma forma, se quiser manifestar uma alma gêmea, talvez seja o caso de escolher afirmações com foco em amor-próprio ou relacionamentos.

4. Pratique visualização

No "Passo 1: Tenha clareza na sua visão" (ver p. 17), empregamos a visualização e podemos usá-la mais uma vez aqui como ferramenta para ajudar a eliminar medo e insegurança.

Eis uma visualização simples para experimentar:

VISUALIZAÇÃO DO GLOBO DE VAPOR

Feche os olhos, inspire fundo e expire todo o ar, prestando atenção ao movimento da barriga. Inspire contando até quatro e expire contando até quatro. Repita essa respiração profunda até notar que a mente está começando a se acalmar e o corpo, a relaxar. Quando atingir o relaxamento, visualize seus medos e inseguranças. Veja todos os pensamentos, sentimentos e emoções baseados em medo e agrupe-os em um globo de vapor escuro. Imagine todas as inseguranças, preocupações e crenças limitantes se juntando a eles, fazendo o globo crescer cada vez mais. Veja-as claramente na sua frente, uma representação de tudo que impede você de atingir o poder pleno. Agora, a cada

> vez que *inspirar*, imagine uma luz clara brilhando em você, superando a escuridão. A cada vez que *expirar*, visualize o globo de medo diminuindo. Repita o processo até o globo de vapor escuro, a esfera de medo e insegurança, ter se dissipado. Por fim, abra os olhos devagar.

Amo essa técnica de visualização porque pode ser usada a qualquer momento, em qualquer lugar. Mesmo se uma pontinha de insegurança surgir, você pode simplesmente fechar os olhos e eliminá-la usando o poder da respiração.

Essa técnica é ainda mais útil para quem se sente sobrecarregado demais pela voz interior e considera o domínio dos pensamentos, ou o uso de mantras, muito pesado logo de início. Tive uma cliente recém-casada que estava com dificuldade para encontrar sua voz no relacionamento. Ela se sentia sempre subvalorizada e desmerecida, como se não recebesse o apoio emocional de que precisava. Mesmo sabendo disso, a crítica interna dela falava tão alto que a impedia de expressar ao parceiro suas necessidades e de reivindicar aquilo que merecia, o que implicava um custo à sua saúde mental. Ela procurou minha ajuda para se libertar de algumas crenças limitantes acerca de amor e de relacionamentos, e para sentir-se mais confiante no casamento. No entanto, logo na primeira sessão, vi que a crítica interna dela era tão intensa que pedir para substituir pensamentos limitantes por pensamentos empoderadores seria muito difícil e desgastante para ela. Em vez disso, pedi que ela experimentasse essa técnica de visualização e a repetisse todo dia por duas semanas. Ao fim dos quatorze dias, ela tinha conseguido diminuir o poder do medo e da insegurança a ponto de conseguir incorporar algumas das outras ferramentas, como o uso de mantras e o ajuste de linguagem. Em seis semanas, ela tinha começado a encontrar e a usar a própria voz, estava enfim comunicando as necessidades ao parceiro de forma saudável e sentindo muito mais poder em si e no relacionamento.

Há mais uma forma de empregar a visualização para eliminar medo e insegurança. Assim como os pensamentos são usados para reestruturar as perspectivas, a visualização pode fazer o mesmo para reimaginar as situações que criamos mentalmente. Quantas vezes você se pega imaginando os piores cenários possíveis? Ou a concretização dos seus maiores medos? Quando repetimos essas cenas mentalmente, baixamos nossa vibe e alimentamos as preocupações, inseguranças e dúvidas. Você pode usar o poder da visualização para reimaginar as cenas que vê mentalmente, escolhendo o desfecho mais positivo; é como mudar de canal na televisão. Por exemplo, digamos que você quer manifestar que passou para a universidade dos seus sonhos. Se medo e insegurança estiverem criando cenas mentais em que você é reprovado no vestibular ou recebe uma carta de rejeição, mude de canal. Visualize-se passando na prova e recebendo as notícias que espera, e imagine como se sentirá naquele momento. Continue a repetir o desfecho ideal na mente várias vezes.

Visualizações são uma peça-chave na caixa de ferramentas da manifestação. Você pode usá-las para ganhar clareza na visão, eliminar medo e insegurança, imaginar-se nos cenários ideais e levantar sua vibe.

A MENTE TEM UM PODER INCRÍVEL: É AO MESMO TEMPO A CAUSA E A CURA DE NOSSO MEDO E NOSSA INSEGURANÇA.

Medo e insegurança são as palavras que uso para descrever o ápice de tudo que alimenta nosso pouco respeito próprio, as dúvidas e as crenças limitantes que nos impedem de concretizar os sonhos. Como já mencionei, eliminar medo e insegurança é um processo contínuo, um passo ao qual sempre lembro as pessoas de voltar. Quando se encontrar em bloqueio em qualquer manifestação, a primeira coisa a fazer é se perguntar que medos e inseguranças ainda cercam sua capacidade de atraí-la. Vale a pena acrescentar aqui que esse talvez seja o passo mais desafiador de todos: exige que sejamos vulneráveis e olhemos para todas as experiências e memórias que podem ter contribuído para criar esses bloqueios. Contudo, grandes esforços levam a grandes recompensas e, quando começar a remover os bloqueios, você abrirá o caminho para receber a abundância infinita que o universo está à espera de lhe oferecer. As quatro ferramentas neste capítulo são apenas algumas das que você pode usar diariamente, mas encorajo a exploração de qualquer outra prática de desenvolvimento pessoal que ajude na jornada de fazer crescer nossa valorização pessoal.

Agora vamos prosseguir para aquela que talvez seja a forma mais poderosa de combater medo e insegurança. É um elemento que permeará todos os passos do processo de manifestação: o cultivo do amor-próprio.

CULTIVE E PRATIQUE AMOR-PRÓPRIO

AMOR-PRÓPRIO É A FORÇA MOTRIZ DA MANIFESTAÇÃO.

Quando comecei a escrever este livro, tentei encontrar o ponto ideal para tratar de amor-próprio. Não é um passo em si, mas, quando eu tentava encaixá-lo nos outros passos, sentia que não estava lhe dando a atenção merecida. Notei que o amor-próprio precisava de uma seção só para ele, porque é mais do que um passo do processo: é o alicerce sobre o qual construímos todos os outros passos.

Ao começar a cultivar e praticar amor-próprio, sua capacidade de manifestar se tornará infinitamente mais poderosa. Amor-próprio transmite a qualquer um o poder de adentrar em sua luz e grandeza pessoais, e de abrir espaço para a abundância. Amor-próprio diz ao universo "Sou digno de amor, mereço sucesso, estou pronto para viver meus sonhos", e é isso que você receberá.

Quando nos amamos, acolhemos tudo que somos. Quando nos amamos, nos elevamos acima de medos, inseguranças, dúvidas e crenças limitantes, e desbloqueamos nosso pleno potencial.

Não há presente maior do que o presente do amor-próprio incondicional.

Sem amor-próprio, não é possível manifestar. Não adianta criar um quadro de visualização e falar da vida dos seus sonhos se, no dia a dia, você ainda se desrespeitar.

Então, como começar a cultivar amor-próprio para libertar seu poder máximo de manifestação?

Bom, de início, preciso esclarecer o verdadeiro significado de amor-próprio:

> Amor-próprio é valorizar seu bem-estar e felicidade.
> Amor-próprio é dar o seu melhor e torcer por si mesmo.
> Amor-próprio é abandonar a depreciação, o arrependimento e a forma negativa de tratar a si mesmo.
> Amor-próprio é acolher a versão mais autêntica de si.
> Amor-próprio é se oferecer a mesma gentileza, paciência e perdão que oferece com tanta generosidade a outras pessoas.

Há milhões de maneiras de cultivar o amor-próprio: podemos fazer um esforço consciente de praticar e demonstrar mais autocuidado, mais autorrespeito, mais autodisciplina. Podemos criar limites saudáveis, abandonar o que não nos serve mais, cuidar de como falamos conosco. Para cultivar amor-próprio, podemos alimentar a mente, o corpo e a alma com comida, pensamentos e ideias nutridoras. Podemos dizer não para o que não queremos fazer. Podemos fazer mais do que nos faz feliz. Podemos meditar, escrever em diários, nos exercitar, cuidar da pele, priorizar o sono, beber mais água. Podemos nos oferecer mais compaixão e gentileza. Podemos abrir espaço para explorar todas as partes de nós que nos torna únicos. Podemos falar conosco de modo gentil, encorajador e solidário. Há inúmeras formas de exercer amor-próprio — na verdade, eu poderia escrever um livro inteiro só sobre isso.

No entanto, para mim, cultivar amor-próprio se resume a uma coisa: prestar atenção nas opções que temos e nas decisões que tomamos a cada momento.

Todo minuto de todo dia é uma oportunidade de praticar e cultivar amor-próprio. Todo minuto de todo dia temos a pergunta: escolho agir com amor-próprio ou sem? Como você passa seu tempo, a que pensamentos decide se agarrar, que perspectiva escolhe adotar, de quem se cerca, que decisões toma, que comportamento aceita de outras pessoas, como se governa, que compromissos faz, como alimenta, estimula, nutre e mexe seu corpo... *tudo isso é importante.*

Tudo reflete seu compromisso com você, com seu bem-estar e com sua capacidade de amor-próprio. É esse compromisso que mostra ao universo o que você acredita merecer. **Lembre-se: manifestamos a partir das crenças inconscientes relativas ao que merecemos.**

COMECE A CULTIVAR AMOR-PRÓPRIO

Para começar a tomar decisões que nos levarão a cultivar amor-próprio, precisamos fazer três coisas.

1. Torne-se atento e cuidadoso

Tomar decisões conscientes requer a avaliação das opções disponíveis. É preciso dedicar um tempo para parar e perguntar: "Há outro jeito de fazer isso com mais carinho e compaixão?" Por exemplo, se você passou anos preso no ciclo da dieta e se vê cortando grupos alimentares, pulando refeições ou ficando obcecado por uma nova dieta da moda, pare um momento e considere se é um jeito amoroso e compassivo de agir, ou se há outra opção para tratar seu corpo e se relacionar com comida. Você poderia parar de pular refeições e atribuir culpa à comida, por exemplo, substituindo tais padrões comportamentais por princípios de alimentação intuitiva? Ou, se você vê as notícias assim que acorda e acaba sempre frustrado, triste ou ansioso, pergunte-se: "Isso me ajuda mesmo a começar o dia da melhor forma possível? Posso fazer uma escolha mais carinhosa comigo? Posso começar o dia ouvindo música, escrevendo no meu diário ou fazendo dez minutos de ioga?"

2. Respeite seu momento

O que precisamos, dia a dia, instante a instante, sempre muda. Em alguns dias, acordamos prontos para encarar o mundo. Em outros, estamos cansados, desanimados e sobrecarregados. Amor-próprio é respeitar cada instante e tomar decisões que reflitam como você se sente naquele momento.

Desenvolva o hábito de entrar em contato consigo e perguntar: "Como estou hoje? O que sinto, do que preciso?" Imagine uma escala de um a dez, em que um é o nível mais baixo e dez é um super-herói de vibe alta. Você precisará de coisas diferentes dependendo de onde se encontrar na escala. Se estiver no três, por exemplo, provavelmente precisará de descanso, comida nutritiva e ar fresco. No entanto, se estiver no nove, deve aproveitar a energia para fazer escolhas que o impulsionem na direção da manifestação: seja criativo, produtivo e mexa o corpo!

Don Miguel Ruiz escreveu um livro incrível, *Os quatro compromissos: O livro da filosofia tolteca*. Recomendo a todos essa leitura, e um dos compromissos é o seguinte: **Sempre dê o melhor de si.** Ele diz que seu amor vai mudar de momento a momento, vai ser diferente quando doente e quando saudável. Sob qualquer circunstância, simplesmente faça o melhor e evitará se julgar, se maltratar e se arrepender.

Amor-próprio é dar espaço a si mesmo para ser humano, para reconhecer que todo dia nos sentimos diferentes, e, com isso em mente, oferecer a si mesmo o que for adequado para o momento.

3. Respeite onde quer estar amanhã
A vida é apenas a culminação de nossas escolhas. Quando agimos com amor-próprio, respeitamos não só o momento, mas também onde queremos estar no dia seguinte. Muitas vezes, tomamos decisões impulsivas que nos satisfazem no agora, mas com impactos negativos no futuro. Todo mundo que já se sabotou (e imagino que isso se aplique aos leitores) sabe disso. **Amor-próprio é exercer autoridade sobre esse impulso de satisfação instantânea e tomar decisões que servirão ao eu do futuro.** Por exemplo, se você tiver um prazo de trabalho amanhã e decidir procrastinar no Instagram ou passear por aí, estará sabotando as necessidades do seu eu do futuro. Contudo, ao optar por disciplina e foco no prazo, respeitará o que seu eu do futuro precisa e merece: isso é exercer amor-próprio.

> A MAIOR PRÁTICA DE AMOR-PRÓPRIO
> É CONSEGUIR O EQUILÍBRIO PERFEITO
> ENTRE O QUE VOCÊ PRECISA HOJE E
> O QUE PRECISARÁ AMANHÃ.

O amor-próprio se manifesta em todas as nossas decisões. Todo dia, comprometa-se em encontrar mais formas de dar o melhor de si e demonstrar a compaixão e o amor que você merece. Continue a fazer isso até se tornar o método automático com o qual você dirige sua vida. Continue até que o amor-próprio preencha você a ponto de transbordar em tudo e todos ao redor.

PERDÃO E TOLERÂNCIA

Eu não poderia falar de amor-próprio sem falar de perdão e tolerância. Quantas vezes você cometeu um erro ou sentiu vergonha da maneira como agiu, passando dias, semanas ou até anos se culpando? Quando nos aferramos à vergonha, à culpa, à raiva e ao ressentimento, ficamos presos ao passado. Agarramos a energia daquelas experiências, o que mantém nossa vibração baixa e nos impede de manifestar tudo que queremos.

Uma cliente com a qual comecei a trabalhar no início de 2020 me falou que "queria manifestar tudo": um novo emprego, um novo apartamento, confiança de verdade, e sua alma gêmea. Em seis meses, tudo que ela queria manifestar tinha aparecido, exceto a alma gêmea. Comecei a lhe perguntar mais a respeito dos relacionamentos passados, e ela revelou que tinha sido traída pelos dois parceiros mais recentes. Explicou que tinha "bloqueado a experiência", mas que, no fundo, ainda se culpava por ter "deixado" acontecer, e constantemente se perguntava se os tinha levado a traí-la. Ela também disse que sentia vergonha de não ter visto os sinais óbvios, apesar de ser uma mulher bem-sucedida na carreira.

Ao tentar bloquear a experiência da memória, ela não se permitia processar todos os sentimentos relativos aos acontecimentos nem mudar a narrativa de culpa que atribuíra à situação. Lembre que trauma, dor e angústia são energias: quando não damos o tempo e a atenção necessários para mover, liberar e curar esses sentimentos, eles passam a viver no nosso corpo físico. Isso significa que, quando tentamos "bloquear" experiências anteriores, elas não têm aonde ir e ficam conosco, baixando a vibração e nos prendendo ao passado.

A experiência da minha cliente também a afetava de outra forma: ao se culpar, ela temia inconscientemente a repetição da história. Só quando trabalhamos juntas na criação de um espaço seguro dedicado ao processamento daquela experiência, à eliminação de culpa e de julgamento, à escolha de uma nova perspectiva, abraçando totalmente a compaixão e a tolerância por si mesma, ela foi capaz de remover os medos mais profundos e inconscientes ligados a conhecer alguém. Também a encorajei a trabalhar com um dos meus mantras preferidos — "Meu passado não dita meu futuro" — para lembrar que ela tinha o poder de criar o próprio futuro. Ao fazer esse trabalho interior, ela conseguiu criar espaço para que a alma gêmea chegasse à sua vida. Tempos depois, recebi um e-mail dela cujo assunto dizia: "Conheci O CARA CERTO!"

Para revelar o caminho que nos conduz ao mais fabuloso futuro, precisamos abandonar as partes do passado que nos levam a sentir emoções de vibe baixa, como vergonha, culpa ou raiva, e nos oferecer tolerância e perdão plenos. Para isso, precisamos reconhecer estas três verdades:

1. Estávamos fazendo o melhor possível na época.
2. Há sempre uma lição valiosa a tirar de qualquer experiência.
3. Não somos a mesma pessoa que éramos na época; desde então, crescemos, evoluímos e amadurecemos.

▰▶ EXERCÍCIO

Quero que pense agora em alguma coisa à qual ainda se apega, pela qual ainda se critica. Escreva a experiência que ainda faz você sentir vergonha, culpa ou raiva.

....
....
....
....
....
....
....
....

Agora escreva uma carta ao seu eu do passado. Ofereça compaixão e gentileza; reconheça e identifique se suas ações foram movidas por dor ou insegurança. Pode escrever algo como: "Eu te perdoo. Você estava fazendo o seu melhor, sei que estava sofrendo na época. Está tudo bem, eu te amo."

....
....
....
....
....
....
....
....

Agora escreva as lições que aprendeu com a experiência e o valor que tirou dela.

....
....
....

....
....
....
....
....

Repita esse exercício em relação a tudo a que você ainda se apega.

> **Nota:** Sempre que fiz esse exercício em workshops, os participantes liberaram emoções e lágrimas. Caso chore ou se emocione com esse exercício, abra espaço para isso e se permita a sensação de liberdade ao fazê-lo.

A VERDADE É A SEGUINTE: AO APRENDER COM SEUS ERROS E EXPERIÊNCIAS, E AO EVOLUIR POR MEIO DELES, VOCÊ PRATICA O MELHOR TIPO DE AMOR-PRÓPRIO: O AMADURECIMENTO. *LEIA DE NOVO.*

Amor-próprio é a força motriz por trás da manifestação, então devemos cultivá-lo todo dia, por meio de prática e compromisso constantes. Devemos escolher comportamentos, respostas e pensamentos que construam nosso autorrespeito e nos impulsionem a nos tornarmos nossa versão mais poderosa. Devemos nos oferecer tolerância, compaixão, perdão e gentileza todo dia, em tudo que fazemos. **Nenhum ato de amor-próprio é grande ou pequeno demais. Desde beber um copo d'água a sair de um relacionamento** tóxico, tudo que fazemos define quem somos e quem nos tornamos.

> **Nota:** Entendo que, para algumas pessoas, a ideia de "cultivar amor-próprio" pode parecer incrivelmente intimidante, sobretudo se o pouco respeito por si e a autoestima baixa parecerem limitá-las a todo momento. Você pode pensar: "Claro, em teoria parece fácil, mas como vou de repente agir como se me amasse?" Entendo a hesitação. Passei a vida tão envolta em ódio por mim mesma que nunca achei que seria possível dizer que amo quem sou com sinceridade. Quando falavam de "amor-próprio", eu revirava os olhos, como se fosse um conceito imaginário que nunca estaria a meu alcance. No entanto, com tempo, treino e compromisso, eu o atingi. E você também pode atingi-lo.
>
> Desconstruir anos — ou décadas — de inseguranças, crenças limitantes e autoestima baixa não acontece do dia para a noite. No entanto, podemos decidir começar a tomar escolhas mais carinhosas agora mesmo. A decisão de se comprometer com o amor-próprio já é meio caminho andado. A partir daí, escolhemos, a todo dia e momento, cultivar mais amor-próprio, pouco a pouco, porque é o que merecemos. Quanto mais tentar, mais fácil se tornará, e mais natural será.

Enquanto cultivamos amor-próprio, trabalhamos os outros passos do processo de manifestação simultaneamente.

PASSO 3
ALINHE SEU COMPORTAMENTO

ALINHAR O COMPORTAMENTO É
MOSTRAR AO UNIVERSO, POR MEIO
DA AÇÃO, AQUILO QUE VOCÊ
ACREDITA MERECER. ISSO PORQUE O
COMPORTAMENTO É REFLEXO DIRETO
DO NOSSO VALOR.

Alinhar o comportamento é ser *proativo* na jornada de manifestação. Alinhar o comportamento **é ser a energia que você quer atrair.** Alinhar o comportamento é sair da zona de conforto. Alinhar o comportamento é se alinhar com *sua versão mais autêntica*, porque é a versão mais magnética.

Esse é o passo que diferencia de fato a manifestação e a lei da atração. A lei da atração determina que atraímos para nossa vida aquilo em que mais pensamos. No entanto, isso transmite a impressão de um processo passivo. **A manifestação não é passiva:** você não pode só ter clareza de visão e esperar que aconteça.

> **Para abraçar o seu poder e realmente mudar sua energia de modo a atrair a abundância que merece, você deve começar a se comportar de forma alinhada à sua versão mais poderosa, e não à versão que foi *limitada por medo e insegurança*.**

SEJA PROATIVO NA MANIFESTAÇÃO

PARA MANIFESTAR COM EFICIÊNCIA, É PRECISO TER CLAREZA NA VISÃO, RECONHECER O SEU MÉRITO E SER PROATIVO NA CONCRETIZAÇÃO.

Por exemplo, imagine que você quer manifestar uma casa no campo para sua família. É preciso ter uma visão clara da casa, remover medos e inseguranças que a cercam, confiar que merece *e depois* ser proativo na busca — pesquisar sites de venda, conversar com corretores imobiliários ou visitar a área para ver se há casas à venda. Da mesma forma, se quisesse manifestar um bom desempenho em uma prova, precisaria ter clareza na visão e ser proativo, dedicando tempo e energia ao estudo. Seja qual for seu elemento de manifestação, é necessário um componente de ação. Um dos maiores equívocos em relação à manifestação é acreditar que podemos visualizar algo e esperar que isso surja sem esforço. Digo com certeza que, ao manifestar minhas próprias conquistas de carreira, o fiz com ajuda do meu esforço, determinação, persistência, disciplina e motivação.

Proatividade exige coragem, uma coragem que mostre ao mundo: "Eu sou digno, eu mereço e estou pronto."

Pense nisto: quantas vezes você intencionalmente evitou ser proativo por causa do medo de fracassar? Semana passada, eu estava conversando com uma cliente nova que me falou de uma ideia que ela tivera para um serviço de catering no estilo *supper-club*. Ela queria conselhos a respeito de encontrar coragem para seguir com o projeto. Avançando a conversa, descobri que ela já tinha aquela ideia havia quase *dois anos*. Durante aquele tempo todo, ela tinha tudo de que precisava, mas o medo de "ninguém se interessar" a paralisara. Essa história não é incomum. Quase todo dia ouço um amigo, parente ou colega me contar uma ideia genial que teve, uma ideia que nunca sai do papel porque ele não acredita ser bom, digno ou capaz o suficiente para concretizá-la. Quantas vezes *você* teve uma ideia que deixou de lado por medo de não conseguir concretizá-la? Quantas vezes teve medo de entrar em contato com alguém por temer a rejeição? Quantas vezes se permitiu deixar sonhos de lado porque pareciam inalcançáveis?

Procrastinação e receio de agir muitas vezes são movidos pelo medo do fracasso: evitamos nos dedicar porque não tentar é mais fácil do que tentar e não conseguir. Quando o medo do fracasso nos influencia, é fácil arranjar várias desculpas para não fazermos alguma coisa: dizemos não ter tempo, recursos ou energia. O que essas desculpas e inação dizem ao universo? "Não estou pronto para isso e não acredito merecer." Como sabemos, por causa do "Passo 2: Elimine medo e insegurança" (ver p. 31), esse medo o impedirá de atrair o que deseja.

PROATIVIDADE TRANSCENDE O MEDO DO FRACASSO.

Imagine que você queira manifestar um novo negócio bem-sucedido. Deixe-me mostrar a diferença entre um comportamento limitado por medo e insegurança (Versão A) e um comportamento proativo, alinhado com a visão, transcendendo medo e insegurança (Versão B).

Versão A

O medo de rejeição impede você de entrar em contato com novos clientes; o medo de julgamento o impede de divulgar seu trabalho na internet; a insegurança o impede de investir adequadamente no negócio; e o medo do fracasso o impede de procurar oportunidades em potencial e de se arriscar.

Você se comporta de um modo que o mantém preso à zona de conforto, sem potencial para crescimento e expansão.

Versão B

Você entra em contato com novos clientes; divulga o trabalho em todas as plataformas; pede conselho a mentores; é proativo ao procurar colaboradores; enxerga oportunidades e as aproveita; encontra modos inovadores de se promover; investe tempo, energia e dinheiro para o negócio ter o sucesso que deseja.

Fica claro o impacto do comportamento na manifestação de um novo negócio de sucesso. A pessoa na Versão B atinge os objetivos proativamente e, ao fazê-lo, tem muito mais eficiência na manifestação dos sonhos do que a pessoa na Versão A.

Outro exemplo de proatividade é o seguinte: para manifestar um relacionamento amoroso, não basta incluir no quadro de visualização todos os detalhes e qualidades do seu parceiro perfeito. Para manifestá-lo na sua vida, é preciso alinhar o comportamento. Em primeiro lugar, isso significa **tratar a si com o mesmo grau de amor e respeito que deseja atrair** (ou seja, cultivar amor-próprio). Além disso, seria preciso se abrir e criar oportunidades proativas de conhecer alguém, seja entrar em apps de relacionamentos, aceitar convites para ser apresentada a alguém por amigos ou simplesmente ir a mais eventos sociais.

Sempre que quiser manifestar alguma coisa na sua vida, você precisará alinhar o comportamento, agindo com proatividade. Alinhar o comportamento mostra ao universo: "Estou pronto, tenho coragem e mereço." O universo responderá à coragem e à prontidão com abundância.

Alguns de vocês, leitores, podem sentir que os medos e as inseguranças que identificaram no "Passo 2: Elimine medo e insegurança" (ver p. 41-43) ainda são muito concretos. Talvez você se pergunte "Como posso alinhar meu comportamento se não sinto que completei o Passo 2?" ou "Como ser proativo se ainda tenho medo de fracassar?". A resposta é que os passos devem ser seguidos simultaneamente. Eliminar medo e insegurança é um processo contínuo, que se faz *enquanto* se alinha o comportamento. Você consegue se lembrar de um momento em que falou que não conseguiria fazer determinada coisa, mas tentou mesmo assim? Lembra o orgulho que sentiu depois? Esse orgulho permitiu que você continuasse a avançar?

Enxergo isso no meu filho, Wolfe, o tempo todo. Em certa ocasião, fomos a uma aula de ginástica olímpica para crianças, e ele queria se equilibrar na trave. Ele tinha certeza de que não conseguiria sozinho e se apoiou na minha mão o tempo todo. Quando o soltei com gentileza e o encorajei a tentar sozinho, vi o rosto dele se iluminar de tanto orgulho. Na tentativa seguinte de andar na trave, ele me olhou como se dissesse: "Relaxa, mamãe, eu dou conta." É esse o comportamento para transcender medos e inseguranças: você faz uma coisa apesar do temor, e, ao agir, constrói confiança e autorrespeito, que por sua vez impulsionam o poder de manifestação e o ajudam a continuar a agir. É um ciclo crescente. Essencialmente, você precisa **sentir o medo e mesmo assim agir**.

Sabe quando falam de "Fingir até conseguir"? Bom, ouvi uma versão melhor dessa expressão recentemente, que fez muito mais sentido para mim e se encaixa muito bem neste passo:

FINJA ATÉ SE TORNAR.

Às vezes, precisamos dar um voto de confiança e acreditar que, ao agir de modo alinhado com a ideia de quem queremos ser, nos aproximaremos dessa transformação. Lembre, no "Passo 1: Tenha clareza na visão" (ver p. 23), falei que uma das perguntas mais importantes da jornada de manifestação é "Quem eu quero ser?". Quando vemos essa pessoa com clareza, a versão mais empoderada de nós mesmos, podemos começar a nos comportar de modo alinhado com ela de imediato.

Por exemplo, tenho um amigo que por muito tempo quis trabalhar como *coach*, pois ele queria muito ajudar outros homens em suas trajetórias de cura. Ele tinha feito um curso de formação de *coach* e passava a maior parte do tempo livre ajudando as pessoas a seu redor, mas tinha muito medo de transformar aquilo em profissão. Ele não acreditava que a experiência e o conhecimento dele tinham valor suficiente para merecer pagamento, então evitava contar sobre sua especialização na área e nunca arriscava se expor, por medo do fracasso. Depois de passar certo tempo trabalhando essa questão comigo e de eu apresentá-lo ao mundo da manifestação, ele decidiu começar a "fingir até se tornar". Perguntei a ele:

— Se você já fosse um *coach* de sucesso, o que faria com o seu tempo? Como divulgaria seu trabalho e que ações tomaria?

Ele me deu uma lista de coisas nas quais pensou, e sugeri que fosse em frente e as fizesse. Em poucos dias, ele tinha criado uma página no Instagram para seu trabalho de *coach* masculino, entrado em contato com outros homens da área e começado a criar conteúdo de desenvolvimento pessoal, divulgado sessões individuais, mantendo-se aberto para toda oportunidade que se apresentasse. Ao longo de doze meses, devagar e sempre, ele construiu uma presença na indústria do bem-estar, criou uma comunidade leal e engajada de seguidores, começou a trabalhar com clientes toda semana, e fez um evento on-line para homens, com um painel de oito influentes especialistas em saúde mental masculina. Ao alinhar o comportamento ao da pessoa que ele queria se tornar, mesmo sentindo insegurança, o universo o recompensou.

Às vezes, temos que fingir até nos tornarmos quem desejamos ser.

Nota: Para quem sofre de síndrome do impostor, pode ser muito bom voltar à ideia de "fingir até se tornar". Quando começamos uma nova carreira ou nos jogamos no desconhecido, podemos sentir dúvida sobre termos qualificação, capacidade e conhecimento suficiente para fazer aquilo. Isso é totalmente normal, e não existe muita gente que *não* tenha se sentido assim! Lembre que, ao alinhar seu comportamento, você pode se aproximar da sua versão mais empoderada imediatamente. Com o tempo, vai começar a aceitar essa verdade: que merece a posição, que é suficiente e que é digno de sucesso.

Eis um exercício que vai ajudá-lo a identificar algumas formas de alinhar o comportamento com a manifestação por meio de proatividade e ação.

✏️ EXERCÍCIO: COMPORTE-SE COMO SE COMPORTARIA NO FUTURO

Quero que pare agora e imagine quem você será no futuro. Mergulhe mesmo neste exercício e encha a visualização de detalhes. Imagine a versão de si mesmo no auge dos poderes de manifestação, atraindo tudo o que deseja na vida.

Visualize da forma mais tangível possível, dando vida à sua versão mais esplêndida.

Agora, faça as seguintes perguntas:

Como me comporto?
O que faço para viver com tanto amor-próprio, poder e magnetismo?

Liste cinco coisas que sua versão futura faz, informada pela versão mais poderosa de si.

1. ....
....
2. ....
....
3. ....
....
4. ....
....
5. ....
....

Essas são as coisas que quero que você comece a fazer imediatamente, para se aproximar ainda mais do seu eu do futuro.

Sempre que pensar na pessoa que quer se tornar, pense em como alinhar imediatamente o comportamento com essa versão de si. Mostre ao universo, em ação, que está pronto para incorporá-la, porque *ela já existe em você*.

ENCONTRE CONFORTO NO DESCONFORTO

Ao começar a alinhar seu comportamento com a manifestação e sua versão futura, é importante reconhecer que não vai ser tudo fácil, e com certeza não será sempre confortável. Na verdade, alinhar seu comportamento *exigirá* que você enfrente desconforto. Vou explicar.

O inconsciente encontra conforto no que é conhecido, mesmo que não seja necessariamente o melhor para nós. Isso ocorre porque o conhecido nos parece seguro. Quando agimos de formas novas, encontraremos coisas desconhecidas. Esse estranhamento será desconfortável e nos parecerá inseguro. O desconforto será tanto que o inconsciente, de modo desesperado, tentará nos puxar de volta à posição de costume, para se sentir seguro de novo. É por isso que nos sabotamos.

Fazemos o que é confortável

O inconsciente deseja o conhecido

Decidimos mudar

Questionamos as mudanças

O ciclo da AUTOSSABOTAGEM

Agimos para mudar

Sentimos desconforto

Começamos a nos sentir bem

Isso é diferente

Por exemplo, imagine que você sempre ficou em segundo plano ou se escondeu dos holofotes. Mais claramente, adotou um papel de coadjuvante na história da sua vida. Depois de anos assim, seu inconsciente só se sentirá confortável com esta configuração: quando você se esconder nas sombras dos outros. Portanto, quando decidir mudar e dizer "Agora é hora de adentrar a luz, mostrar ao mundo o que tenho a oferecer e enfim ser protagonista da minha história", seu inconsciente entrará em pânico e tentará puxá-lo de volta ao território confortável, encorajando-o, em nível inconsciente, a se sabotar. Ele pode fazer isso ao sabotar oportunidades para você se posicionar, ou para ser visto ou ouvido, ou ao encorajá-lo de modo inconsciente a se cercar de pessoas que põem você para baixo, ou cuja energia ofuscará a sua.

Tenho uma amiga que estava tentando ser mais confiante na hora de conhecer gente nova. Ela se inscreveu em um grupo de mães e bebês, que começou a frequentar toda semana. O encontro e conexão com outras mães estava ajudando muito na construção da sua autoestima. Ela parecia estar mudando internamente, mas, meses depois, notei que fazia semanas que ela não frequentava o grupo; sempre que se organizava para ir, alguma coisa surgia "por coincidência" — por exemplo, tinha outro compromisso, estava exausta do nada, ou, por acaso, o dia estava cheio. Falei para ela que era tudo sabotagem inconsciente, e que ela só poderia superar ao reconhecer isso.

Outro exemplo: pode ser que seu objetivo seja se sentir mais saudável, energizado e em forma. Sua visão é clara, e você se vê acordar com energia e vitalidade, sentindo-se forte o bastante para brincar com os filhos por horas a fio. Para atingir esse objetivo, precisará ser proativo na mudança do comportamento. Assim, em vez de dar desculpas para não se exercitar, ou para comer em excesso alimentos que o deixam lento, você precisará se comprometer com uma rotina de exercícios ou com escolhas alimentares mais saudáveis e nutritivas. Em outras palavras, **é preciso ser proativo e agir.** Depois de fazer isso por algum tempo, você começará a ver e a sentir diferença: sua confiança vai começar a crescer. É quando o inconsciente entra em pânico. Ele não liga se você está se sentindo bem, só que está se sentindo diferente, e o diferente, para o inconsciente, é inseguro. Por isso, ele vai levá-lo à autossabotagem, convencendo você a comer em excesso, pular os exercícios e abandonar os objetivos. Parece familiar?

Eu me via presa em ciclos de sabotagem o tempo todo. Era tão confortável estar triste, solitária e cheia de ódio por mim mesma que, sempre que eu me comprometia a mudar e começava a me sentir melhor, me sabotava com comida, álcool, drogas, cigarro e relacionamentos tóxicos. Só consegui superar o impulso de me sabotar quando entendi o que meu inconsciente tentava fazer, então pude finalmente me concentrar no ponto aonde queria chegar. Assim, consegui suportar o desconforto até estabelecer nova familiaridade — e é assim que se criam mudanças concretas e duradouras.

Sempre que entramos em um período de transformação e começamos a alinhar o comportamento de acordo com aquilo que queremos atrair na vida, devemos esperar um período de desconforto e estabelecer o **compromisso consciente** de aceitá-lo e suportá-lo. Devemos resistir ao impulso de autossabotagem e **aprender a viver nesse novo lugar empoderado até nos sentirmos em casa.** Porque, quando vivemos em um lugar que não é limitado por medo e insegurança, despertamos toda a abundância do universo.

SAIR DA ZONA DE CONFORTO

Quando entendemos o ciclo de autossabotagem e a necessidade de aceitar certo grau de desconforto, conseguimos alinhar o comportamento do modo mais poderoso e magnético: saindo da zona de conforto de forma regular e contínua.

PARA MANIFESTAR MUDANÇA, DEVEMOS CRIAR MUDANÇA. DEVEMOS FAZER ALGO DIFERENTE, DESAFIAR MEDO E INSEGURANÇA, AGIR COMO AGIRÍAMOS NO FUTURO E MOSTRAR AO UNIVERSO O QUANTO ESTAMOS PRONTOS E DISPOSTOS PARA INCORPORAR NOSSO PODER.

Em qualquer trajetória de manifestação, será exigido que você saia da zona de conforto. Não é negociável. Sempre que sair da zona de conforto, você atrairá abundância, porque a magia acontece fora da zona de conforto.

As pessoas vivem me perguntando coisas como "Estou pensando em me demitir. Será que devo fazer isso?" ou "Tive uma ideia para um novo empreendimento. Será que devo investir nisso?". Minha resposta é sempre a mesma: *sim, sem dúvida*. Quando você começar a notar que tem o poder de criar uma vida maravilhosa, empolgante e abundante, começará de forma natural a pensar em maneiras de sair da zona de conforto. **A jornada da manifestação é sempre acompanhada de inspiração, criatividade e um fluxo de ideias que virá a você aparentemente do nada.** Você pode estar meditando, prestes a dormir, caminhando ou conversando com um amigo, e uma ideia surgirá. Gosto de pensar nessas ideias como presentinhos do universo. Elas vêm por um motivo: são oportunidades de sair da zona de conforto para criar a mudança necessária a fim de chegar aonde se quer estar. São oportunidades de mostrar ao universo que você não se deixa conter por medo e insegurança. Quando as ideias vierem, não as ignore. Em vez disso, tome a decisão acolhedora de agir e sair da zona de conforto.

Eis algumas formas de ajudar você a fazer isso e incorporar o poder de manifestação:

1. Tenha clareza quanto ao porquê

Antes de sair da zona de conforto, tenha clareza das suas razões para isso. O "porquê" é o que fará você aguentar o desconforto. O "porquê" é o que manterá você concentrado e conectado à visão, motivado a enfrentar desafios ou obstáculos.

FAQ

Pergunta: Como descubro o meu "porquê"?

Resposta: Sempre que pensar no que quer manifestar, pergunte-se: "O que acho que atingir este objetivo fará por mim, de forma energética, emocional, física, mental ou espiritual? Como afetará minha vida cotidiana e meus sentimentos de paz, contentamento, amor-próprio e alegria?"

Por exemplo, imagine que sua amiga diz que abriu uma vaga na empresa na qual ela trabalha e que o cargo parece perfeito para você. De imediato, você decide se candidatar, mas vê que, como parte do processo seletivo, precisa gravar um vídeo. Se sempre teve dificuldade de falar na frente da câmera, você precisaria aguentar certo desconforto ao sair da zona de conforto. Por isso, precisaria mesmo identificar seu "porquê", a fim de ter motivação para suportar o desconforto. Pode ser: "Este emprego me permitiria trabalhar em uma área pela qual tenho paixão. Ficaria animado de ir trabalhar de manhã, e fazer algo que eu amo me daria mais paz, me traria mais alegria e melhoraria a qualidade geral da minha vida." Ao se manter concentrado no "porquê", você conseguirá ganhar ímpeto e coragem para gravar o vídeo, *apesar* de sentir certo desconforto e medo, porque vê com clareza o panorama geral e o objetivo final.

2. Remova desculpas

Desculpas são apenas uma forma de sabotagem. Elas nos dão uma "saída". Desculpas tomam muitas formas, mas, mais comumente, são assim: "Estou muito ocupado"; "Estou muito cansado"; "É muito difícil"; "Não estou pronto"; "Vou deixar para outro dia"; "Não tenho os recursos"; "Não funcionou da última vez que tentei"; "Não vou poder fazer perfeitamente"; "Não sou bom o bastante".

Precisamos tratar nossas desculpas pelo que realmente são: expressão de medo e insegurança. Elas surgem para nos impedir de avançar e encontrar o poder, quando inconscientemente sentimos que ainda não estamos prontos para a grandeza. O jeito de se livrar das desculpas é questionar todos os seus aspectos. Ao questioná-las, tiramos o poder delas.

Da próxima vez que disser "Estou muito ocupado", pergunte-se: "Por que estou me dizendo isso? Do que estou com medo? O que aconteceria se eu removesse a desculpa?"

3. Não desista diante de desafios

Quando saímos da zona de conforto, tudo é novo, o que significa que será inevitável enfrentarmos obstáculos.

UMA DAS CARACTERÍSTICAS MAIS COMUNS DE INDIVÍDUOS DE SUCESSO É SUA CAPACIDADE E DISPOSIÇÃO DE PERSISTIR MESMO QUE HAJA DESAFIOS.

Tenho certeza de que todos nós nos lembramos de um momento em que cedemos e desistimos no primeiro obstáculo. Por que fazemos isso? Porque desafios ativam as inseguranças e testam nosso autorrespeito. Quando enfrentamos algo que achamos difícil, questionamos nossas habilidades, ou se um plano for por água abaixo, tememos simplesmente sermos "azarados". Deixamos desafios reforçarem nossas crenças limitantes inconscientes de que não merecemos as coisas que mais desejamos. E aí, o que fazemos? Fugimos — fugimos porque nossa tendência natural é escapar de coisas que geram sentimentos "ruins". No entanto, para manifestar com sucesso, é preciso resistir ao impulso de desistir, encontrando um modo alternativo de avançar.

Sempre fui obcecada por ler, ver e ouvir histórias de pessoas bem-sucedidas, desde CEOs a músicos famosos. O que mais me inspira em suas trajetórias é acompanhar os casos em que tiveram que persistir diante de desafios ou precisaram pensar em métodos criativos para superar um obstáculo para os próprios sonhos. Isso me lembra de que o caminho do sucesso — ou da manifestação de todos os seus desejos — não é sempre fácil ou direto. É preciso se defender, agir e seguir em frente, mesmo quando queremos jogar a toalha. Sei que, se tivesse desistido diante dos desafios ou oportunidades que surgiram à minha frente, eu nunca, nunca teria conseguido manifestar tudo que atraí na minha vida. A sequência de visualizar, agir e esperar que tudo apareça imediatamente não ocorreu nem para mim. Precisei enfrentar rejeição e obstáculos. No entanto, nunca permiti que isso impedisse meu avanço. Nunca deixei que me desviassem ou me distraíssem do meu objetivo. Na verdade, eu me recuso com firmeza a ser derrotada por contratempos. Quando uma coisa não dá certo de primeira, apenas penso em outro jeito de fazê-la.

Desafios são parte inevitável da vida e, em vez de vê-los como limitação, encorajo você a vê-los como presentes e oportunidades. Desafios nos dão a chance de nos defender, de aprender algo novo, de construir força, conhecimento e resiliência. Desafios nos impulsionam em novas direções e nos dão novas perspectivas. Decida, agora mesmo, ser guiado por desafios, para enfrentá-los em vez de evitá-los. Ao fazê-lo, você manda ao universo a mensagem de **"Sou mais forte do que o desafio diante de mim"**, e o universo recompensa a confiança com abundância.

4. A regra dos cinco segundos

Uma das minhas palestrantes preferidas, Mel Robbins, criou um exercício incrível que você pode usar sempre que estiver diante de uma oportunidade de sair da zona de conforto, mas sentir medo ou receio de fazê-lo. Ela o chama de "regra dos cinco segundos". Nas palavras dela: "No momento em que seus instintos se aguçam, mas você se sente hesitar, é a hora de usar a 'Regra dos Cinco Segundos'." Você tem cinco segundos. Comece a contar de trás para a frente, de cinco a um, e se mexa antes de chegar ao zero. Ela diz que, "se você tiver o impulso de agir na direção de um objetivo, deve se mexer fisicamente em menos de cinco segundos, ou o cérebro matará a ideia".

Usei essa técnica antes de ministrar meu primeiro workshop presencial. Estava prestes a subir no palco pela primeira vez, e meu nervosismo estava vencendo. Eu estava nas coxias, atrás da cortina, o microfone ligado, e ouvia as pessoas se instalarem, prontas para me ouvir, quando bateu a síndrome de impostor. O que eu estava fazendo ali, em um workshop de amor-próprio? Não sou palestrante profissional, não tenho experiência suficiente, vou decepcionar todo mundo. Que idiotice. Minha crítica interior estava tentando me paralisar. Contei "Cinco... quatro... três..." e, *bum*, me mexi, um pé na frente do outro, sorri para os rostos diante de mim e comecei a falar. Em dez minutos, tinha uma certeza: era exatamente ali que eu devia estar. De repente me senti em casa, falando com todas aquelas pessoas maravilhosas a respeito do poder do amor-próprio. Agora, inúmeros workshops depois, uso essa técnica antes de subir em qualquer palco.

REPITO: A MAGIA ACONTECE FORA DA ZONA DE CONFORTO.

CRIE HÁBITOS SAUDÁVEIS

Espero que já esteja claro que a valorização pessoal é parte integrante da manifestação e que o comportamento age como indicador de valor para o universo.

Um jeito de elevar a valorização pessoal e impulsionar o poder da manifestação é incorporar deliberadamente práticas cotidianas de vibe alta na rotina. Conseguimos transformar práticas de amor-próprio em hábitos saudáveis.

> **ALGUMAS DAS MINHAS PRÁTICAS PREFERIDAS DE AMOR-PRÓPRIO**
> Diários, mantras, afirmações, meditação, caminhadas, skincare, banhos demorados, autocuidado, respiração profunda, exercícios, ioga, gratidão.

Desenvolver hábitos saudáveis é um modo eficiente de alinhar o comportamento, o que permite manifestarmos com menos esforço. Para mim, hábitos saudáveis são a base de qualquer jornada de desenvolvimento pessoal. Hábitos se tornam nosso alicerce e, quando os mudamos, mudamos de vida. **A mudança verdadeira e duradoura é criada pelas mudanças menores que fazemos no dia a dia.** Por isso, a fim de usar hábitos para nos impulsionar na direção do que queremos manifestar, devemos começar a formar hábitos alinhados com nosso futuro.

HÁBITOS SAUDÁVEIS NOS AJUDAM A INCORPORAR A PESSOA QUE QUEREMOS NOS TORNAR; EM OUTRAS PALAVRAS, SER A ENERGIA QUE QUEREMOS ATRAIR.

Por exemplo, se quiser manifestar sucesso nos negócios em um cargo de liderança, pode começar a formar os hábitos que um líder teria, como acordar cedo, fazer listas de tarefas, meditar todo dia para ajudar a lidar com estresse e sobrecarga, ou separar um tempo diário para estudo. Ao se comprometer com essas práticas daqui em diante, seu comportamento começa a se alinhar com a pessoa que você quer se tornar. Seus hábitos ajudam a elevar a vibração, adequando-se à energia do seu eu do futuro.

Nossos hábitos e práticas diárias mudam a vida.

Vamos ver como seu dia pode ser diferente se você não incorporar práticas cotidianas de manhã (Pessoa A), ou se incorporar (Pessoa B).

Pessoa A

Acorda ao som do despertador, se espreguiça e imediatamente abre as redes sociais. Depois de dez minutos, se levanta, liga o noticiário, toma um banho e se arruma rápido, antes de tomar café correndo e ir trabalhar.

Pessoa B

Acorda cedo para ter tempo de aproveitar as práticas cotidianas, se espreguiça e escuta uma faixa de afirmações positivas de dez minutos antes de se levantar. Depois, aproveita com atenção plena o ritual do café. Faz vinte minutos de exercício, toma banho e se arruma enquanto escuta suas músicas preferidas. Então se senta à mesa para comer um desjejum nutritivo e delicioso antes de ir para o trabalho.

A Pessoa B não fez nada de mais: apenas acrescentou três ou quatro práticas simples de amor-próprio à rotina e dedicou tempo a elas. Consegue imaginar como o resto do dia dessas duas pessoas pode ser? E a semana, o mês e o ano?

Parafraseando o autor motivacional John C. Maxwell: **Você nunca vai mudar de vida até mudar algo que faz todo dia. O segredo do sucesso está na rotina.**

✏️ EXERCÍCIO

Nas linhas pontilhadas do quadro, escreva as três práticas cotidianas que serão incorporadas na sua vida.

Comprometa-se a cumpri-las todo dia por 66 dias (o tempo que se considera necessário para formar um hábito).

Por exemplo:
1. Vou acordar todo dia às sete.
2. Vou escrever no meu diário toda noite antes de dormir, em vez de mexer no celular.

3. Vou fazer exercício toda manhã, seja uma caminhada, um alongamento ou uma aula de aeróbica.

1. ....
2. ....
3. ....

    Incorpore mais hábitos saudáveis quando se sentir capaz (não se sobrecarregue com mudanças demais ao mesmo tempo). Quanto mais hábitos saudáveis tivermos em um dia, mais oportunidades teremos de praticar amor-próprio e aumentar a capacidade de manifestar tudo que desejamos.

AUTENTICIDADE

"Eu nem imaginava que ser autêntica me deixaria rica assim. Se imaginasse, teria feito isso muito mais cedo."

OPRAH WINFREY

    Assim como incorporar novas práticas diárias, ser proativo quanto aos objetivos, desenvolver a energia que se quer atrair e sair da zona de conforto, alinhar o comportamento também exige que você viva autenticamente. Exige que você alinhe o que faz, o que pensa, e quem quer mesmo ser.

    Autenticidade é ingrediente essencial da manifestação de sucesso, porque nos tornamos mais magnéticos quando vivemos e expressamos a verdade. Pense nas pessoas mais magnéticas que você conhece, aquelas que entram em um ambiente e o iluminam, que parecem ser o centro gravitacional para os outros. Com frequência, essas pessoas são completa e autenticamente genuínas. Têm orgulho de quem são e se sentem confortáveis na própria pele, e nunca têm medo de ser diferentes ou de se destacar.

Acabo sempre descobrindo que, quando alguém toma a decisão de parar de fingir ser quem não é e, em vez disso, acolhe sua versão mais autêntica, a pessoa *prospera*. Recebi testemunhos de inúmeros homens e mulheres que frequentaram meu workshop e usaram a motivação da sessão para abandonar trabalhos, pessoas e ideias que não se alinhavam com sua verdade. Eles sempre descrevem a mesma história: ao fazerem isso, criaram espaço para estimular o que sustentava sua versão mais autêntica. Por exemplo, começar um novo emprego pelo qual são apaixonados de verdade, enfim se pronunciar a respeito de coisas importantes ou só se cercar de pessoas que os entendem plenamente. Sem exceção, assim que começaram a fazer essas coisas, floresceram. **Somos irrefreavelmente magnéticos quando não temos vergonha de ser autênticos.**

Então, como nos conectamos com nossa versão mais autêntica? Primeiro, precisamos **abrir mão** de quem achamos que devemos ser, quem outras pessoas esperam que sejamos, e quem um dia fomos. Só então podemos descobrir quem somos no momento.

Desde muito cedo, procuramos nas pessoas que nos circundam pistas de como devemos nos comportar e como seremos amados. Notamos quando fazemos algo que nos torna mais agradáveis, e repetimos essa ação. Conforme crescemos, continuamos o padrão: nos moldamos baseados no retorno da família, dos amigos e da comunidade. Aprendemos a procurar validação externa e a associar nosso valor com opiniões e julgamentos de outras pessoas. É por meio desse processo que desenvolvemos a tendência a "agradar", que se torna inimiga da autenticidade.

Para iniciar a jornada de descoberta da nossa versão mais autêntica, precisamos de consciência: sempre que agimos, devemos reconhecer que temos uma escolha a fazer. A escolha é a seguinte: "Eu me comporto para agradar outras pessoas ou para me honrar?" Se escolhermos a primeira opção, inevitavelmente deixamos de alinhar nosso comportamento aos nossos objetivos, sonhos ou visões.

> ENERGIA É DIRECIONAL: É IMPOSSÍVEL DIRECIONAR NOSSA ENERGIA PARA PROCURAR VALIDAÇÃO EXTERNA E, AO MESMO TEMPO, DIRECIONÁ-LA PARA A PESSOA QUE QUEREMOS SER OU A COISA QUE QUEREMOS MANIFESTAR.

Converso muito com Wade, o pai do meu filho, a respeito de autenticidade, pois ele é apaixonado por ajudar outras pessoas a descobrir a própria verdade e a se expressar de forma autêntica. Wade usa a metáfora de um jardim para explicar o processo. Ele diz:

"Imagine-se como um jardim. Seu senso mais profundo de amor-próprio, valor pessoal e verdade é o solo no qual tudo cresce. Por causa do condicionamento e das suas experiências até aqui, o jardim é repleto de plantas diferentes, mas nem todas foram plantadas por você. Algumas são ervas-daninhas que o impedem de crescer, outras não são espécies nativas suas, e outras ainda apenas não parecem mais se encaixar no seu jardim. O processo de se expressar com autenticidade começa com a identificação das ervas daninhas e das plantas indesejadas, e com a remoção gentil delas. É preciso desenterrar as raízes e tirá-las para que a terra fique livre de qualquer resquício nocivo. Em seguida, quando sentir que eliminou as plantas que não são mais necessárias e as ervas daninhas — todas as crenças limitantes e as ideias que não lhe servem mais —, você pode começar a escolher o que plantar. Pode alimentar e cuidar das plantas que empoderam e pode escolher novas que expressam quem você é e quem quer ser. Você pode escolher exatamente o que quer no seu jardim. Pode criar cada recanto dele e cultivá-lo com gentileza, compaixão, amor e respeito. Por fim, você merece ser uma pessoa de sua própria criação: que celebra poderosa e lindamente quem escolheu ser, independentemente das ideias e opiniões dos outros."

A jornada para descobrir e expressar sua autenticidade levará tempo, mas cada passo valerá a pena. Quanto mais se conectar com quem é de verdade e com o que realmente deseja, mais magnético se tornará e maior será seu poder de manifestação. Sempre que agir, pergunte-se: "Isso está alinhado ao que penso, ao que acredito e a quem quero ser?"

Alinhar o comportamento é a manifestação em ação. As coisas que fazemos no dia a dia, como nos comportamos, como agimos, como nos tratamos: *tudo* é importante. O universo responde a tudo que você faz.

Alinhar o comportamento exige que você seja proativo, aja, encarne a pessoa que quer ser, ultrapasse crenças limitantes e medos, saia da zona de conforto, viva autenticamente e cultive amor-próprio por meio de práticas diárias, criando hábitos saudáveis e se comprometendo com seu bem-estar.

PASSO 4

SUPERE OS TESTES DO UNIVERSO

Em qualquer jornada de manifestação, o universo testará você, e será preciso superar esses testes antes de progredir. Eles vêm à sua vida para testar seu valor e sua confiança no processo da manifestação. Testes podem vir na forma de obstáculos, pessoas ou desafios, ou na forma de algo que pede a você que aceite menos do que merece.

Esse passo é uma extensão do "Passo 3: Alinhe seu comportamento" (ver p. 71). Ao superar os testes do universo, você alinha seu comportamento a um grande respeito por si e aprende a confiar no poder da manifestação.

O jeito mais simples de explicar como funciona um teste do universo é dar alguns exemplos.

Imagine que você queira manifestar seu parceiro perfeito. Antes de conhecer "o escolhido", você provavelmente enfrentará um teste do universo. O teste surgirá para ver quão digno você *realmente* acredita ser para atrair o que deseja.

Nesse contexto, o teste pode vir na forma de um "ex". O ressurgimento de um ex-parceiro muitas vezes vem acompanhado da atraente sensação de familiaridade. Apresenta uma oportunidade fácil de voltar ao que acha confortável, mesmo que não lhe faça bem. A escolha aqui é a seguinte: você investe tempo e energia em algo que já sabe que não funciona, ou se mantém comprometido com o futuro e opta por física e (mais importante) energeticamente se afastar do passado e fechar a porta com firmeza?

O teste do ex é tão comum que com frequência digo às pessoas que, se um parceiro antigo de repente ressurgir, pode ter certeza de que a alma gêmea vem logo atrás (se passar no teste, é claro). Há algo bastante libertador e empoderador em poder dizer: "Estou oficialmente fechando a porta para o passado." No entanto, para fazer isso do modo correto, é preciso fazê-lo *plenamente*. Ouvi muitos homens e mulheres me dizerem que não têm interesse em voltar com o ex, mas eles continuam a mandar mensagens ou a sair "casualmente". Deixam a porta aberta. Fazem isso porque oferece conforto, conexão, atenção, validação e distração, mas se envolver com a pessoa errada, por mais casual que seja, bloqueará o caminho da manifestação. Fazer isso diz ao universo "Não confio que o que quero está mesmo vindo", ou "Preciso encontrar meu valor pessoal em outra pessoa", e assim você continua a atrair o que valida tanto a dúvida quanto o baixo autorrespeito.

Encontrar encerramento interior em nível energético é o modo mais potente e eficiente de abrir espaço para o que deve entrar na sua vida. Sempre que deparar com a oportunidade de se afastar de alguém ou de algo que não lhe serve mais, aproveite-a. Você *precisa* abrir o caminho para encontrar o futuro com tranquilidade.

Eis outro exemplo de teste que pode aparecer enquanto você estiver trabalhando em manifestar o parceiro perfeito. Você sai algumas vezes com uma pessoa nova e há química imediata. A pessoa parece cumprir muitos dos seus "requisitos", o que lhe dá a esperança de ter manifestado a pessoa desejada. No entanto, após alguns dias ou semanas, você começa a notar que alguma coisa está estranha: a pessoa é muito volúvel ou não mostra o respeito que você merece.

Isso é um teste *claro*. O universo está perguntando: quanto você realmente se valoriza? Quão digno acredita ser do *amor verdadeiro*? Vai se contentar com alguém que não parece disposto a se comprometer com você?

Se preferir se contentar com essa pessoa e ignorar os sinais de alerta bem na sua frente, você bloqueará sua manifestação. O motivo disso é que, ao escolher ignorar os alertas, você manda a seguinte mensagem para o universo: "Tenho medo de não encontrar mais ninguém e não acredito que encontrarei alguém que pode mesmo me amar e se comprometer comigo como mereço." **Lembre-se: para manifestar seja lá o que for, você precisa acreditar ser merecedor e seu comportamento deve se alinhar à crença.** Então, ao escolher se afastar dessa pessoa, mostrará ao universo, por ação, que acredita merecer uma conexão mais profunda e forte. O universo responderá trazendo sua alma gêmea.

Sempre que escolher "se acomodar" em qualquer área da vida, você bloqueará a manifestação do que mais deseja. Isso ocorre porque o ato de se contentar com menos do que merece é motivado pelas vibes baixas de medo e insegurança: medo de não merecer o que realmente deseja e dúvida de ser capaz de manifestar seus sonhos.

Se quiser manifestar sem esforço, dominar esse aspecto é fundamental. Comece a avaliar cada área de sua vida e se pergunte: "Estou me contentando com algo abaixo do ideal? Onde estou comprometendo meu autorrespeito?" Por exemplo, você tem amizades tóxicas que não consegue deixar para trás? Quase todo cliente com quem já trabalhei tinha uma pessoa tóxica na vida que o drenava constantemente, afetava sua confiança de forma negativa e abaixava sua vibe. Eles ficavam na amizade por medo de ofender ou chatear a pessoa ao deixá-la, ou por temer que, sem ela, se sentiriam ainda mais sozinhos. Amizades e relacionamentos tóxicos são outro exemplo de teste, e só ao encontrar a coragem e a força interior de se afastar deles abrimos espaço para que relacionamentos mais saudáveis entrem na nossa vida. **Lembre-se: seu tempo e sua energia são seus bens mais valiosos, use-os com sabedoria.**

> ### FAQ
> Pergunta: E se eu for reprovado em um teste?
> Resposta: Muitas vezes, recebo mensagens do tipo: "Roxie, acho que estraguei tudo. Voltei com meu ex, passamos um mês juntos e ele me traiu de novo. Estou me sentindo muito idiota. Estraguei tudo mesmo?" A resposta é *não*, claro que não. Lembre-se: o universo está do seu lado. Só está esperando você enxergar a luz. Ele não castiga quem erra da primeira vez. Quando você fizer a mudança energética para superar o teste, será recompensado com abundância.

Testes não vêm só na forma de pessoas. Os testes com os quais é preciso mesmo tomar cuidado são aqueles que parecem ser exatamente o que você espera, mas, ao olhar melhor, dá para notar que algo não está certo. Por exemplo, se estiver em busca da casa perfeita e encontrar uma que é "quase" perfeita, mas não exatamente, você a aceita, por medo de não encontrar uma opção melhor? Ou recusa e espera a certa?

Um amigo íntimo meu, maquiador, queria manifestar a contratação por uma agência específica, que representa algumas das pessoas criativas mais respeitadas do mundo. Ele escreveu o nome da agência no quadro de visualização e começou a cultivar amor-próprio, remover algumas crenças limitantes e alinhar o comportamento, postando conteúdo com regularidade nas redes sociais para mostrar seu trabalho e aceitando o máximo de clientes possível para construir portfólio e ganhar experiência. Em cerca de dois meses, ele estava muito mais confiante, tendo desenvolvido um nicho autêntico na área. Finalmente, recebeu um e-mail: uma agência queria contratá-lo, mas não era a agência dos sonhos. Ele precisava tomar uma decisão importante: aceitar, por medo de não conseguir manifestar o contrato com a agência dos sonhos? Ou recusar, sabendo que não era exatamente o que queria, e esperar? Era difícil. Muitas vezes, essas decisões são complicadas; exigem que você demonstre confiança inabalável, e pode ser incômodo recusar uma "boa oferta" só por não ser exatamente o que você procura. Meu amigo disse que, ao recusar a oferta de trabalhar com aquela agência, ele sentiu que estava sendo ingrato ou até ganancioso. Lembrei-lhe de que saber o que queremos e esperar que aconteça não é ingratidão nem ganância. Após alguns dias de consideração, ele tomou a decisão empoderada de recusar a oferta. Cinco meses depois, assinou contrato com a agência que tinha incluído no quadro de visualização.

A todo momento, podemos adotar uma *perspectiva de escassez* ou uma *perspectiva de abundância*. A perspectiva de escassez diz que não há amor, felicidade ou sucesso suficientes para todo mundo. Vem de um lugar de falta. A perspectiva de abundância confia em que há o suficiente para todo mundo. Em todo passo do processo de manifestação, adotar a perspectiva de abundância é fundamental, e especialmente importante na hora de enfrentar os testes do universo. Quando um teste aparecer, você pode escolher responder por uma perspectiva de escassez (não há o suficiente) ou de abundância (há mais do que o suficiente para todo mundo, uma abundância de oportunidades). Imagine que está procurando o par perfeito de calças jeans. Você entra na loja e vê uma linda calça no cabide à frente. Otimista, vai ao provador para experimentar. Quando veste, nota que não cabem tão bem. Naquele momento, porque sabe que há uma abundância de calças jeans de modelos diferentes no mundo, você tranquilamente guardaria aquele par de volta no cabide e continuaria a procurar o modelo perfeito. Não desperdiçaria tempo pensando "Só há um punhado de calças jeans no mundo, então é melhor comprar essa, para o caso de não achar nada melhor". Você precisa adotar essa perspectiva de abundância em *tudo* na vida para conseguir manifestar o que de fato deseja. Devolva o que não couber bem e saiba que você é digno e merecedor daquilo que cabe.

Tanto quanto estar preso à perspectiva da escassez, nossa impaciência é outro motivo para frequentemente sermos reprovados nos testes do universo. Quando queremos alguma coisa, às vezes ignoramos nossa visão específica e aceitamos a segunda melhor opção, se ela vier mais rápido. Por exemplo, você já redecorou sua casa ou escritório? Se já, sabe que às vezes é preciso de meses de antecedência para comprar certos móveis, pois muitas vezes são feitos sob medida, especialmente se estiver procurando algo único ou especial. Por isso, no processo de redecorar o ambiente, você sempre enfrentará uma escolha: é melhor encontrar algo que não é perfeito, mas que chegará antes, ou esperar com paciência para criar o espaço perfeito que se alinha à visão original? Manifestar a sua vida ideal é parecido com redecorar a casa. Às vezes, é preciso esperar um pouco mais do que gostaríamos para criar o espaço perfeito de moradia. O espaço com o qual você sempre sonhou, que criou no quadro de visualização.

QUANDO AS COISAS NÃO SEGUEM CONFORME OS PLANOS

Outro tipo de teste que enfrentamos é o desafio da rejeição ou dos planos que não se concretizam. Pode ser uma viagem cancelada, uma oferta de compra de um apartamento ou casa rejeitada, uma conta inesperada no correio, não entrar na universidade que queria, ou saber que uma paixão conheceu outra pessoa. Todas essas situações têm o potencial de nos desestabilizar e fazer a confiança e a fé no processo de manifestação vacilarem. No entanto, eis o que você precisa saber: **planos frustrados são na verdade a maior oportunidade de dar o melhor de si e construir força, resiliência e coragem.**

Imagine que você é um ator e quer manifestar o papel de protagonista em uma série. A jornada de manifestação pode ser mais ou menos assim: no quadro de visualização, você anota o gênero da série em que quer estrelar, o canal no qual quer trabalhar, o salário que gostaria de receber por episódio, talvez até o nome do diretor do programa. Em seguida, você identifica e elimina medo e insegurança, e alinha o comportamento, investindo em aulas de teatro, dedicando tempo e energia a testes, e proativamente procurando outras pessoas da área com as quais pode aprender. O seu agente finalmente telefona, falando que tem o "papel perfeito". Você pensa: "Ai, meu deus, é *agora*!" Dá tudo de si no teste, espera pacientemente e, por fim, vem o telefonema dizendo que você não conseguiu a vaga. Com certeza você fica devastado. Depois de processar a decepção, tem uma escolha: deixar isso arrasar sua confiança e desfazer todo o seu trabalho ou aceitar que apenas não era a vaga adequada para você, mantendo seu poder e seguindo em frente. Em termos simples: você escolhe perder a fé ou confiar que há algo melhor por aí?

"ÀS VEZES, QUANDO AS COISAS
DESMORONAM, NA VERDADE ESTÃO
SE ENCAIXANDO."
— ANÔNIMO

Quando decidi lançar meu podcast, *The Moments that Made Me* [Os momentos que me formaram], em que peço aos convidados que falem de três momentos que definiram sua vida, tive que entrar em contato com pessoas para saber se teriam interesse em participar. Desde o princípio, isso me apavorou: será que achariam irritante meu convite? Será que alguém aceitaria? Será que o podcast seria um fracasso total? Eu sempre tive muito medo de pedir favores, por temer ser julgada ou rejeitada. No entanto, o podcast era importante para mim, então eu sabia que precisava sair da minha zona de conforto e seguir com o projeto. Por isso, peguei caneta e papel e escrevi uma lista de todas as pessoas com as quais tinha contato e poderia convidar. A primeira pessoa para quem mandei mensagem foi uma celebridade muito famosa, que na época trabalhava como jurada em um *reality show*. Mandei uma mensagem nervosa, convidando a celebridade para participar. Logo recebi resposta. Abri e vi que a pessoa pedia desculpas, mas não se sentiria confortável falando da vida pessoal e não poderia me ajudar com o projeto, mas me desejava sorte! Lembro que fiquei até enjoada, de tanta vergonha por ter feito o convite, encarando a resposta como rejeição total. Foi então que lembrei que eu tinha opções. Podia escolher deixar aquilo me devastar, acabar com minha confiança e interromper a jornada antes mesmo de começar, ou reconhecer que era apenas um teste do universo que eu precisava superar. Reestruturei minha perspectiva: a decisão da pessoa de não falar da própria história não era uma rejeição pessoal, era um motivo bastante válido e compreensível, e não significava que todo mundo que eu convidasse daria a mesma resposta. Naquele momento, mandei mais cinco mensagens. Todas essas pessoas aceitaram. Ao fim de 2020, eu tinha gravado 28 episódios, a quantidade *exata* de episódios que tinha incluído no quadro de visualização no início do ano (na verdade, nem sei dizer de onde tirei esse número, mas foi o que escolhi!). E então, em maio de 2021, meu podcast foi anunciado em noventa outdoors em Londres! Ver meu podcast divulgado pela cidade foi incrível e explodi de orgulho. Se eu não tivesse saído da zona de conforto e dominado o teste, nunca teria sido possível.

Acredita-se que uma das primeiras pessoas a escrever a respeito de manifestação, no fim do século XIX, tenha sido a filósofa russa Helena Blavatsky, autora do livro *A doutrina secreta*, entre outros. "Não tema dificuldades. Não deseje ter sido feito em circunstâncias diferentes das suas. Pois, quando tirar proveito da adversidade, ela se tornará o alicerce de uma oportunidade esplêndida", escreve ela. Na primeira vez que li isso, não consegui parar de sorrir. Essa linda passagem, escrita mais de cem anos atrás, apoiava algo que intuitivamente eu sabia ser verdade: que, quando superamos testes do universo, somos recompensados com novas oportunidades.

QUANDO SUPERAMOS TESTES,
CONSTRUÍMOS ALGO EM NÓS:
UMA FORÇA INTERIOR MAGNÉTICA.

Recebi uma mensagem no Instagram de alguém que tinha frequentado um dos meus webinars de manifestação: "Faz algumas semanas que trabalho no processo de manifestação, e segunda-feira tive uma entrevista de emprego na empresa dos meus sonhos. Sou nova na área e não acreditei nem que tinha sido chamada. Achei mesmo que tinha manifestado o que queria, mas não consegui o emprego. Eu me sinto triste e perdida, e não sei o que fazer." Senti a dor dela. A decepção depois de dias ou semanas de animação esperançosa pode doer muito. No entanto, de novo, havia uma opção. Ela podia escolher desistir, se lamuriar na vibe baixa da rejeição, ou mudar a perspectiva da resposta. Poderia decidir dizer: "Não é incrível, como profissional nova na área, eu ter conseguido manifestar uma entrevista para uma vaga dos sonhos tão rápido? Realmente dou valor ao que aprendi na preparação para a entrevista e na entrevista em si, o que vai me ajudar quando encontrar a vaga perfeita para mim." É uma resposta empoderada, de vibe alta, à rejeição. Ofereci a ela uma nova perspectiva e expliquei que era tudo parte do processo. Eu a encorajei a reconhecer o teste, reestruturar o ponto de vista e manter a vibe alta, ouvindo afirmações de carreira toda noite antes de dormir. Três semanas depois, ela me mandou outra mensagem: "Quero agradecer muito por me ajudar a reestruturar minha perspectiva na última mensagem. Consegui conquistar tudo que queria desde seu último workshop. Apesar da dúvida e da frustração no início, e de não ver as recompensas na velocidade que esperava, lucrei com tudo que aprendi. Estou a caminho do meu novo trabalho para assinar o contrato e começo amanhã."

Às vezes, o universo sabe que você vale mais do que aquilo que deseja. Ele não lhe dá as coisas que você quer porque quer lhe dar algo melhor. Confie que o universo só quer o seu bem. Se a pessoa com quem está saindo der um perdido depois de quatro meses de relacionamento, aceite que não era seu parceiro ideal. Se um plano for cancelado de última hora, não era para ser. Manifestar às vezes é só questão de sacudir a poeira, dar a volta por cima e tirar proveito da experiência, sabendo que há sempre uma lição a aprender e algo melhor a caminho.

> Falo muito de "escolha" neste livro, porque o poder de escolha é uma das maiores ferramentas da manifestação. Podemos escolher que visões criar, a que pensamentos nos agarrar, com quem passar tempo, como investir a energia, que comportamentos aceitar de outras pessoas, que medos e inseguranças deixar para trás, e como responder a testes do universo. As suas escolhas determinam quem você se torna e o que manifesta.

Se estiver na jornada de manifestação, fique atento aos testes. Quando se apresentarem, não permita que eles abaixem sua vibração e o desviem do caminho. Use-os para fortalecer o poder de manifestação, mostrando ao universo que você se valoriza e acredita merecer abundância. Defenda-se quando necessário, recuse oportunidades atraentes se não se encaixarem em todos os seus critérios, fique firme quando enfrentar rejeição e confie que tudo acontecerá exatamente como deve.

Uma das minhas citações preferidas é: "Às vezes você ganha, às vezes você aprende." Lembre que tudo tem o potencial de nos ensinar algo de valor. Em vez de considerar que as situações "dão certo" ou "dão errado", você pode ver tudo como oportunidade de aprendizado, expansão e crescimento. É por isso que esse é meu passo preferido: quando conseguir ver desafios como meros testes que pode superar, você começará a abandonar muito estresse desnecessário e a surfar nas ondas da vida com muito mais tranquilidade e fluidez. Essa tranquilidade permite que você eleve a vibração e lhe dá o poder de manifestar com ainda mais força e facilidade.

PASSO 5

ACOLHA A GRATIDÃO
(SEM RESSALVAS)

"Um coração agradecido é um ímã de milagres."

AUTOR DESCONHECIDO

Na introdução deste livro, expliquei que emoções diferentes têm frequências vibratórias diferentes. Emoções como vergonha, raiva, inveja e culpa têm baixa frequência. Por outro lado, emoções como alegria, felicidade, amor, paz, satisfação e admiração têm alta frequência. O universo não ouve nossos pensamentos, responde às frequências que os pensamentos criam: **atraímos o que sentimos.**

Quando aprendi que emoções tinham o poder de moldar a realidade, instintivamente soube que era verdade. Comecei a me lembrar de inúmeras ocasiões em que sentira emoções de vibe baixa (como raiva, tristeza e desespero) e, como resultado, manifestei situações negativas. Na verdade, apesar de não admitir na época, eu sempre manifestava situações negativas para sustentar minha crença de que era indigna e de que a vida era injusta. Eu imaginava as piores hipóteses e, quando se concretizavam, dizia: "Sabia que ia acontecer." Por exemplo, aos 22 anos, abandonei meu primeiro emprego regular, na Diageo, e decidi criar meu próprio negócio. Sempre soube que queria empoderar mulheres, então achei que talvez pudesse usar meu amor pela moda para ajudá-las a se apresentar de modo a se sentirem mais confiantes. Assim, decidi tentar me tornar consultora de moda. Comecei a abordar possíveis clientes (basicamente, amigas e conhecidas) e me oferecer para renovar seus guarda-roupas, mas, quando entrava em contato, ouvia minha voz interior dizer: "Elas nunca vão aceitar, porque sabem que você não é boa." Quando recusavam de forma educada a oferta, a voz dizia: "Avisei." Basta dizer que minha carreira de consultora de moda nunca decolou e que, em dois anos, só consegui uma cliente pagante antes de decidir abandonar a área. O único motivo para esse fracasso foi minha falta de valorização pessoal e o apego constante a emoções de vibe baixa, que me restringiam. Eu não acreditava em mim, e não tinha coragem de agir e avançar diante de obstáculos. É apenas um único exemplo, pois a verdade é que passei uma década inteira buscando provas de ser um fracasso destinado à infelicidade. Agora, vejo que fui responsável por me manter tanto tempo presa em um espaço estagnado. **O poder de manifestar sempre esteve em mim, mas eu o usava na direção errada.**

Você consegue pensar em um momento em que sentiu raiva, inveja ou medo e acabou manifestando algo negativo? Ou já teve uma manhã dessas em que acordou tarde e passou o dia cansado e mal-humorado? Acorda naquele clima maçante, de vibe baixa, e não consegue dar a volta por cima. Derrama o café, sai de casa atrasado e na metade do caminho nota que esqueceu o celular, então volta e acaba perdendo o metrô, e depois ainda recebe uma mensagem de um amigo cancelando um encontro para o qual você tinha se animado. "Ai, é um dia daqueles!", você diz. Se pensar bem nisso, não acha coincidência esses dias sempre acontecerem assim, em sucessão? Há pouco tempo, fiquei irritada com um erro que cometi no trabalho e, ao sair da sala, topei com o dedão na porta e cheguei a cair na gargalhada. Parecia um recado do universo, dizendo: "Ei, não esqueça que estou sempre de olho." **Nossa vibração é importante.**

Quando entendi o poder que temos de atrair não só abundância, mas também negatividade, entrei em pânico. Talvez, ao ler isso, você também entre em pânico. É capaz de pensar: "Isso quer dizer que, sempre que eu sentir raiva, vou atrair coisas ruins? Ou que em dias desanimados alguma coisa horrível vai acontecer? Não tem como manter a 'vibe alta' o tempo todo, né?" Não, claro que não, e é importante nos darmos o espaço para sentir, validar, aceitar e respeitar o espectro amplo de emoções. Então, o que fazemos quando nos sentimos sobrecarregados por uma emoção de vibe baixa? **Usamos a gratidão.**

Gratidão é um sentimento de reconhecimento e tem uma frequência vibratória bastante alta. É uma das ferramentas emocionais mais poderosas que temos à disposição e, quando entendemos como praticá-la, podemos usá-la para sair instantaneamente de qualquer experiência de vibe baixa, mudar de estado, transformar a vibração e liberar de forma total a abundância do universo. Em dias em que sentimos desânimo, abatimento, raiva, inveja, ressentimento ou medo, podemos pedir ajuda da gratidão. Podemos tirar um momento de pausa, encontrar a quietude, cultivar e acolher a gratidão para sobrepor-se a qualquer emoção de vibe baixa.

TRÊS CATEGORIAS DE GRATIDÃO

Gratidão por si
São as coisas que você reconhece e valoriza em si. Por exemplo, sou grata por minha força, sou grata por minha saúde, sou grata por minha mente.

Gratidão pela vida
São as coisas que você reconhece e valoriza na vida. Por exemplo, sou grata pelo meu trabalho, sou grata

pela minha família e meus amigos, sou grata pela cidade onde moro.

Gratidão pelo mundo
São as coisas pelas quais você sente gratidão que são universais a todos nós. Por exemplo, sou grata pela luz do sol, sou grata pela conexão, sou grata pela capacidade de viajar e conhecer novas culturas.

Você pode usar essas três categorias como um suporte para guiar o exercício e o cultivo da gratidão.

Nota: Às vezes, você pode sentir que, em meio a um sentimento particularmente intenso de medo, tristeza ou raiva, se encontra incapaz de sentir gratidão por si ou pela vida. É por isso que descrevi três categorias de gratidão, assim você sempre encontrará algo para agradecer: se hoje for difícil sentir-se grato por sua vida, concentre-se na gratidão por algo universal. Lembre-se: há *sempre* algo a agradecer caso você se concentre.

Quando nos sentimos gratos pelas coisas que temos, ficamos contentes, presentes e em paz. Elevamos a vibração instantaneamente. Deixe-me mostrar... Pense, agora, em uma coisa pela qual sente verdadeira gratidão. Pense, visualize com clareza e deixe o sentimento de gratidão fluir pelo seu corpo. Consegue perceber que, ao pensar em uma coisa pela qual sente gratidão, há algo que muda em seu corpo? Seus músculos começam a relaxar, você talvez comece a sorrir inconscientemente, e sente uma calma imediata.

Aproximadamente um mês depois de descobrir a manifestação, conheci o dr. Joe Dispenza. Ouvi-o em um podcast com Gwynneth Paltrow e, assim que acabei de escutar, pesquisei o nome dele no YouTube e assisti a inúmeros vídeos com atenção. Considerei seu conhecimento e sua paixão perspicazes, e *muito* inspiradores. Um achado específico que ele compartilhou me marcou de forma especial e influenciou minha jornada de manifestação desde então: estudos constataram que, em meros quatro dias, transformar seu medo em "gratidão, reconhecimento e gentileza por apenas dez minutos por vez, três vezes ao dia, pode fortalecer seu sistema imunológico em 50%". Não é incrível? Substituir medos e inseguranças por gratidão pode mudar a fisiologia, o comportamento das células, a frequência vibratória e até ajudar a proteger contra doenças. Foi um choque de realidade e tanto para mim. Era a prova científica do incrível poder da mente, do poder que temos de mudar a realidade, e do poder imenso da gratidão. Foi isso que a manifestação se tornou para mim a partir daquele momento: a junção de ciência e sabedoria. A compreensão de que podemos usar a mente para mudar de energia, elevar nossa frequência vibratória e alterar a realidade. E gratidão estava bem no cerne da questão.

Naquele momento, tudo começou a fazer sentido. Olhei para minha jornada e meu comportamento até então. Sendo sincera, eu nunca tinha acolhido o *verdadeiro* sentimento de gratidão. Estava sempre reclamando do que não tinha, olhando para outras pessoas e desejando o que elas tinham, ou esperando algo ou alguém entrar na minha vida e me deixar magicamente feliz. Talvez você saiba o que quero dizer... Quantas vezes pensou "Vou ser feliz quando..." ou "Se eu tivesse o que eles têm, eu seria feliz"? Esse padrão de pensamento é muito limitante, pois nos prende à perspectiva de escassez. Envia ao universo a mensagem de "Minha vida é insatisfatória" ou "Não tenho o suficiente", então é isso que o universo continuará a oferecer: insatisfação e escassez. Além disso, também é limitante de outra forma: esperar que algo ou alguém faça você sentir determinada coisa é abrir mão do seu poder interior. Impede que você se responsabilize pela própria felicidade.

PARA MANIFESTAR, PRECISAMOS PRIMEIRO ENTENDER QUE SOMOS OS CURADORES, ARQUITETOS E MAESTROS DA NOSSA VIDA E DO NOSSO DESTINO.

Na época, contudo, se me perguntassem "Você é uma pessoa grata?", eu teria respondido "Sou, claro!". Acreditava mesmo que era, mas acabava dizendo coisas como "Sei que tenho muita sorte, mas, se estivesse em um relacionamento, eu estaria muito mais feliz". Vivia acrescentando ressalvas à minha gratidão, o que me impedia de sentir e vivenciar gratidão *verdadeira*.

Comecei a notar que as pessoas quase sempre acrescentavam ressalvas à gratidão. Diziam: "Amo minha casa, mas mal posso esperar para estar em um lugar mais espaçoso"; "Amo meu emprego, mas seria muito melhor se eu ganhasse mais"; "Que ótimo ter vendido um pouco hoje, mas esperava já ter esgotado o estoque". Essas ressalvas são acrescidas tão casual e automaticamente que a maioria das pessoas nem nota o que faz.

Comecei a me perguntar por que sempre acrescentamos essas ressalvas à gratidão. Acredito que um dos motivos é o medo inconsciente de, se ficarmos completamente felizes com o que temos, nunca tentar melhorar. Por exemplo, se sentimos total gratidão pelo salário atual, isso não nos desmotivará a tentar ser promovido? Ou, se estivermos felizes com a casa em que moramos, não iremos querer morar em outro lugar? Há uma crença subjacente de que gratidão verdadeira e plena vem à custa de incentivo, motivação e capacidade de progredir. Estou aqui para remover esse medo: verdadeira gratidão, sem ressalvas, não atrapalha ninguém. Na verdade, é parte integral da jornada de manifestação.

> **Você precisa ter clareza na visão e em onde quer chegar, e ao mesmo tempo sentir gratidão plena por tudo o que tem: é isso que chamo de ponto ideal da manifestação.**

Vou contar uma historinha sobre como usei esse passo para manifestar minha casa atual.

Quando descobri que estava grávida de dez semanas, eu não tinha carreira, estava ganhando muito pouco dinheiro e não fazia ideia do que fazer da vida. Eu tinha manifestado conhecer Wade alguns meses antes, mas não estava preparada para o que veio depois: a gravidez. Eu morava em um lindo apartamento que não podia mais pagar, e Wade e eu não tínhamos para onde ir. Meu pai muito gentilmente ofereceu o apartamento dele em Waterloo para morarmos. Era um apartamento muito detonado, deixado aos pedaços pelos inquilinos anteriores. Logo que entrei, senti um fedor horrível. A decoração era igual à da época da compra, 22 anos antes, acrescida de um buraco na porta, manchas pelas paredes, mofo nos azulejos do banheiro e um chuveiro que só gotejava. Pensei: "Tenho 28 anos, vou ter um filho com um homem que só conheço há três meses, e essa vida não se assemelha em nada ao que imaginei: desempregada, grávida, morando em um apartamento em péssimo estado." Queria manifestar uma vida glamorosa, pensei. Aquilo *não* era glamoroso. Agi de um jeito mimado. Vivia reclamando do espaço e me deitava para tentar imaginar onde iria a seguir, acreditando que visualizar bastaria para manifestar. Hoje, em retrospecto, sinto vergonha.

No entanto, conforme o tempo passava e minha barriga crescia, entrei em "modo de ninho", então redecorei o apartamento aos poucos, vendi no mercado de pulgas tudo que não se adequava mais e comecei a transformar o espaço em um verdadeiro lar, pronta para a chegada de Wolfe. Comecei a gostar mais do lugar, mas ainda dizia: "*Acho* que por enquanto está bom." Estava tentando sentir gratidão, porque sabia que deveria, mas não estava mesmo envolvida.

Foi então que começou a pandemia de Covid-19, e o primeiro-ministro britânico Boris Johnson anunciou que precisávamos todos "ficar em casa para salvar vidas". A casa da qual antes me ressentia se transformou no meu santuário. Virou lar, escritório, academia e playground. Eu me apaixonei perdidamente pelo lugar. Tive muito tempo para refletir e, como se uma ficha caísse, pensei: "Tenho tanta, tanta sorte de ter um teto sob o qual morar. Amo a casa que montei para minha pequena família. É uma sorte enorme morar em um apartamento que meu pai trabalhou tanto para comprar. De verdade, estou feliz e contente de morar aqui." Era sincero, do coração. Senti uma gratidão imensa me preencher. Então, em uma das nossas muitas caminhadas diárias na época da quarentena, Wade me perguntou:

— Como é sua casa dos sonhos?

Descrevi uma cozinha modular com ilha, geladeira de portas duplas e bancada de mármore, e uma banheira gloriosa. Minha casa dos sonhos. No dia seguinte, abri o Instagram e vi que uma amiga tinha postado um vídeo malhando em casa, *na frente de uma ilha modular na cozinha*. Mandei uma mensagem: "Uau, sua casa é linda." Ela respondeu um minuto depois: "Quer comprar?" De brincadeira, falei: "Rs, quanto?" O momento tinha se alinhado de um jeito maravilhoso, e o apartamento dela, que em geral seria muito além do meu orçamento, estava sendo vendido muito mais barato, por um preço que eu podia pagar. Eu já tinha construído minha carreira e estava trabalhando muito (isto é, alinhando meu comportamento e agindo!), mas sabia que tinha sido a gratidão sincera pelo que já tinha que me levara a manifestar minha casa dos sonhos em questão de dias.

Quando quiser manifestar algo, é preciso ter clareza na visão, remover medo e insegurança, alinhar comportamentos, superar testes do universo e, por fim, acolher a gratidão, sem ressalvas, por tudo que já tem. Deixe a sensação de reconhecimento mudar todo o seu estado de espírito. Sinta a gratidão elevar sua vibe e manter a mentalidade de abundância.

A BELEZA DO MUNDO SÓ PODE SER VISTA POR ALGUÉM DISPOSTO A ENXERGÁ-LA.

Se estiver disposto a enxergar a beleza, o amor e a abundância já presentes em sua vida, atrairá facilmente mais beleza, mais amor e mais abundância.

Para adotar uma postura de gratidão, precisamos cultivá-la até se tornar parte de nossa essência. Devemos praticar de novo e de novo, para reconectar as ligações neurológicas e automaticamente nos concentrar no que há de bom na vida, em vez de no que há de ruim. Se fizer isso, você mudará seu estado natural, redirecionará a atenção para a abundância e o processo de manifestação se tornará facílimo. **Lembre que, aonde a atenção for, a energia flui.** Portanto, concentre-se no que é bom, e mais bem virá.

Eis algumas coisas que você pode fazer para cultivar e acolher a gratidão (sem ressalvas).

ESCREVA EM UM DIÁRIO

Amo escrever no diário, e é uma ferramenta de desenvolvimento pessoal à qual volto sempre. Registrar com consistência a gratidão pode treinar o cérebro, em nível neurológico, a se concentrar no que há de bom na vida, e é uma prática de manifestação poderosa.

Eis duas formas de usar o diário para registrar gratidão:

Técnica 1: Lista de gratidão

Toda noite, ou toda manhã, escreva quinze coisas pelas quais se sente grato. Gosto de escolher cinco coisas de cada uma das três categorias de gratidão. Assim, começo com cinco coisas pelas quais sou grata em mim (por exemplo, sou grata pela minha resiliência), passo para cinco coisas pelas quais sou grata no dia (por exemplo, sou grata por ter passado tempo com meu bebê) e, por fim, listo cinco coisas pelas quais sou grata no mundo (por exemplo, sou grata pelo barulho do mar).

Técnica 2: Diário positivo

Esta é minha técnica preferida de escrever em diário, que desenvolvi sozinha ano passado.

No fim do dia, escreva *todas as coisas boas* que aconteceram com você naquele dia, do momento em que acordou ao momento em que se deitou. Estou falando mesmo de *tudo*: se fez sol, se um desconhecido sorriu para você, se um amigo mandou uma mensagem carinhosa, se você riu de um meme na internet. Escreva tudo, em ordem cronológica.

É comum o dia passar rápido e esquecermos todos os momentos bonitos que vivemos. Eles podem passar despercebidos e negligenciados. Podemos até achar que o dia foi todo "ruim" por causa de um só momento desagradável. No entanto, quando nos sentamos para lembrar tudo de bom que vivemos, logo percebemos que todos os dias são repletos de muitos motivos para agradecer.

Depois de se comprometer ao uso do diário positivo com regularidade, sua mente começará a procurar automaticamente os momentos bonitos e as oportunidades de cada dia. Após algumas semanas, você pode de repente se flagrar dizendo "Uau, que prédio lindo!" enquanto caminha pela rua, enfim percebendo a arquitetura incrível pela qual cruzava distraído todo dia. Ou pode passar a apreciar ainda mais a xícara de chá que seu parceiro traz de manhã para você na cama, ou o sorriso simpático da recepcionista do escritório quando você chega. Você apenas começará a notar mais do que é bom ao redor e, em resposta, elevará sua vibe ao longo do dia, todos os dias.

Criei essa prática para mim quando me encontrei em uma rotina de trabalho cansativa ano passado. Estava sofrendo com uma crise de síndrome de impostor, me sentindo muito empacada em algumas das manifestações desejadas. Tinha ganhado um caderno de presente, cuja capa dizia "Positividade", então decidi transformá-lo no meu "diário positivo" para sair daquele desânimo. Passei duas semanas escrevendo nele toda noite. No fim das duas semanas, tive uma revelação, e uma das minhas visões ganhou vida: escrever sobre manifestação na *Vogue* britânica. Estava malhando, acompanhando uma aula on-line (quando todas as minhas melhores ideias parecem surgir), e ouvi uma voz interior dizer: "Se quiser mesmo contribuir com a *Vogue*, precisa agir. Saia da zona de conforto e mande o e-mail. O pior que pode acontecer é recusarem." Assim, com a vibe alta do estado de gratidão me impulsionando, pausei a aula de pilates e escrevi um e-mail à editora digital, Kerry McDermott, perguntando se eu poderia escrever um texto sobre manifestação na revista on-line. Ela respondeu poucas horas depois: "Na verdade, semana passada encomendei um artigo sobre manifestação, que será entregue amanhã. Vou colocar você em contato com a autora, Giselle La Pompe-Moore, e você pode se envolver." Eu tinha mandado o e-mail na hora certa. Se não tivesse agido quando me veio a inspiração, teria perdido a oportunidade. Foi uma demonstração genial da manifestação na prática: tive a visão de escrever para a *Vogue*, usei a gratidão para sair da insegurança, abandonei medo e crenças limitantes de que não merecia aparecer na *Vogue*, alinhei meu comportamento e agi. Não sei nem dizer o orgulho que senti ao ver o artigo: minha criança interior estava gritando!

ENUMERE O QUE É BOM

Sempre que se encontrar em um momento de desânimo e vibe baixa, como o que descrevi, deixe a gratidão elevar sua energia usando essa técnica simples, que pode ser feita a qualquer momento. Simplesmente pare por um momento e, sem pensar, enumere tudo pelo que sente gratidão até sentir algo mudar por dentro. Você pode fazer isso anotando no bloco de notas do celular, falando em voz alta consigo ou com um amigo, ou escrevendo no diário.

Uso essa técnica sempre que fico chateada ou irritada, ou se acordo me sentindo meio "esquisita". Só leva uns dois minutos, então é uma prática de gratidão simples e eficiente. É só enumerar o que é bom.

TRANSFORME "*TENHO* QUE FAZER" EM "TENHO A *OPORTUNIDADE* DE FAZER"

Eu me lembro de ir a uma das minhas primeiras aulas de spinning em Londres, em uma academia chamada Psycle. A sessão estava chegando ao clímax: eu estava suada, ofegante, com as pernas cansadas e pesadas, e só conseguia pensar em como queria que a experiência acabasse. Enfim, como se lesse minha mente, o treinador gritou pelo microfone para a turma:

— Lembrem: vocês não *têm* que estar aqui, têm a *oportunidade* de estar aqui!

Foi uma revelação para mim. Eu tinha escolhido estar ali, ninguém tinha me obrigado a subir na bicicleta ergométrica. Na verdade, todo mundo naquela turma tinha a oportunidade de estar lá pela sorte de ter um corpo saudável que permitia pedalar com as pernas, de morar em uma área que oferecia aquela aula, e da posição privilegiada de poder pagar pela matrícula. Naquele momento de exaustão física, havia muitos motivos para gratidão se eu parasse para considerar, então por que estava querendo acabar com a experiência? O treinador mudou minha perspectiva: ele me levou de volta ao momento presente e fui tomada por uma imensa gratidão.

Essa mudança de perspectiva se tornou uma ferramenta de gratidão poderosa, que agora encorajo as pessoas a usarem todo dia. Quantas vezes você falou "Tenho que malhar hoje", ou "Tenho que trabalhar", ou "Tenho que encontrar meus pais", ou "Tenho que estudar", ou "Tenho que fazer o jantar para as crianças de novo"? Usar essa linguagem dá a entender que você não tem escolha e está sendo obrigado a fazer alguma coisa. Tira a oportunidade de sentir gratidão e dá a entender que não temos poder de decisão. Com uma simples mudança de linguagem, dizendo "Tenho a oportunidade de fazer exercício hoje", ou "Tenho a oportunidade de trabalhar hoje", ou "Tenho a oportunidade de ver meus pais", ou "Tenho a oportunidade de estudar", ou "Tenho a oportunidade de fazer o jantar para as crianças", você de imediato passa para um estado de reconhecimento. É porque, quando falamos de "ter oportunidade", lembramos que nem todos têm; lembramos, consciente e inconscientemente, da nossa sorte de poder mexer o corpo, ver a família e viver a vida.

EXERCITE A ATENÇÃO PLENA

Quantas vezes por dia você diz "Mal posso esperar por..." ou "Vou ficar tão feliz quando..."? A maioria de nós faz isso automaticamente, e eu me incluo nisso. Com frequência, noto que, no almoço, estou pensando no jantar, ou passo horas pensando animada em quando uma manifestação ocorrer: "Vai ser tão incrível quando..." Falamos essas coisas com boas intenções: é gostoso ficar animado para alguma coisa, e é divertido sonhar com o que queremos manifestar. Na verdade, sempre aconselho que as pessoas tenham algo em mente para ansiar e, claro, saber o que se quer e onde desejamos estar no futuro é o primeiro passo da manifestação. **O problema surge quando nos concentramos no futuro em detrimento de uma vida presente.** Olhar demais para o futuro (seja um futuro positivo ou negativo) nos impede de viver no momento presente e, quando não estamos presentes, não é possível acolher a gratidão plena. É esse um dos motivos por que aconselho as pessoas a guardar os quadros de visualização após montá-los.

Para cultivar gratidão, precisamos treinar ser mais atentos. O que quer que faça, se esforce de forma consciente para estar 100% presente. Por exemplo, no escritório, esteja 100% lá; com a família, esteja 100% lá; na academia, esteja 100% lá. Fazer isso não só enriquecerá todas as experiências e reduzirá o estresse que acompanha o foco dividido, como também ajudará a treinar a mente a viver com mais presença. Sempre que se pegar perdendo foco e notar que a mente está fugindo para um lugar distante, volte ao momento. Concentre a atenção no que sente, vê e ouve, e nas pessoas com quem está.

Outra forma de praticar uma vida mais presente é incorporar meditação na rotina cotidiana. Meditação é uma prática de quietude e presença e, assim como treinamos os músculos abdominais para fortalecê-los, podemos treinar a mente a ser mais atenta e presente. Se estiver começando a meditar agora, sugiro experimentar meditações guiadas, de cinco minutos a princípio, e depois passar a uma prática mais longa quando se sentir pronto. Ao entrar no mundo da meditação, que é repleto de vantagens físicas, mentais e espirituais incríveis, tome cuidado para não criticar sua prática nem esperar encontrar quietude de imediato. A ideia de que, na meditação, devemos estar livres de pensamento é equivocada! O objetivo não é esvaziar a mente de modo total, e sim aprender a observar os pensamentos sem nos agarrar a eles. Meditação é a prática da consciência presente, usando a quietude e a respiração para acalmar a mente.

Recomendo muito incorporar alguma forma de meditação na rotina cotidiana, como uma das práticas de amor-próprio e vibe alta. Para mim, a meditação diária é obrigatória; me ajuda a desacelerar a mente, abre espaço para criatividade e ideias e me permite aumentar a capacidade de gratidão, fortalecendo a habilidade de viver com atenção plena. É parte fundamental dos meus processos de meditação, e sempre encontro tempo: às vezes só respiro atentamente por cinco minutos, e em outros dias mergulho em visualização meditativa de manifestação de meia hora antes de dormir.

Ofereço uma seleção de meditações guiadas em inglês, incluindo uma meditação de manifestação, no meu site: www.roxienafousi.com

NOTE OS DETALHES

Conforme começamos a viver com mais atenção, nos damos mais oportunidades de notar todos os detalhes da vida que podem evocar a alta vibe do poderoso sentimento de gratidão.

Coisas que antes passavam despercebidas podem se tornar âncoras de alegria e contentamento. Esses detalhes são conhecidos como *pequenos prazeres*. Comece a prestar atenção neles, reconhecê-los, senti-los e vivenciá-los plenamente. Ao fazê-lo, você voltará sempre à gratidão, fortalecendo o poder de manifestação.

PEQUENOS PRAZERES DA VIDA

Exemplos: sentir o cheiro de café coado, deitar na cama com lençóis limpos, ouvir o canto dos passarinhos de manhã, sentir o vento quente no rosto, matar a sede com água gelada, escutar o som do mar, sentir o sol da manhã, arrumar a casa, acender uma vela, observar flores, sentir o cheiro de grama cortada, o sorriso de um desconhecido...

Liste dez dos seus pequenos prazeres preferidos:

1. ....
2. ....
3. ....
4. ....
5. ....
6. ....
7. ....
8. ....

9. ....
10. ....
11. ....

No caminho de manifestar seus sonhos, não se esqueça de aproveitar a jornada. Preste atenção nas pequenas e simples alegrias da vida e esteja presente em cada dia. Lembre-se: um coração agradecido é um ímã de milagres.

PASSO 6

TRANSFORME INVEJA
EM INSPIRAÇÃO

INVEJA É UM SENTIMENTO DE DESEJO
FRUSTRADO OU RESSENTIDO CAUSADO
PELAS POSSES, QUALIDADES OU SORTE
DE OUTREM.

Inveja é uma emoção de vibe baixa que surge da perspectiva de escassez. A inveja diz ao universo: "Quando vejo outra pessoa com algo que quero, me ressinto porque não acredito que consigo ter aquilo também."

INSPIRAÇÃO É UM SENTIMENTO REPENTINO
DE ENTUSIASMO, OU UMA NOVA IDEIA,
QUE AJUDAM A FAZER OU CRIAR ALGO.

Inspiração é um sentimento de vibração alta que surge de uma perspectiva de abundância. Ver algo que se deseja e se sentir inspirado diz ao universo: "Acredito que há o bastante para todos e acredito que também posso ter aquilo."

Inveja é uma dessas emoções que sentimos surgir fisicamente. Eu costumo sentir no fundo do estômago: vem como uma onda de pânico, seguida por um resquício sutil de frustração, raiva e tristeza misturadas. Às vezes, a inveja se parece mais com um tapa na cara, como quando um colega é promovido à vaga para a qual nos candidatamos ou quando vemos um casal apaixonado se beijando no sinal após levarmos um pé na bunda do noivo depois de sete anos de aparente alegria. No entanto, o mais frequente é a inveja ser mais traiçoeira: se esgueira silenciosamente, se embrenha em nós e nos deixa descontentes e insatisfeitos, sem nem entendermos o motivo. Enquanto olhamos distraídos as redes sociais, o inconsciente é bombardeado por imagens de perfeição, oportunidades de comparação, coisas que queremos ter e motivos para sentir que nossa vida não é tão boa quanto a de outra pessoa.

Redes sociais são uma indústria bilionária literalmente movida a inveja: somos encorajados de modo ativo a nos compararmos com outras pessoas para comprar o que elas têm, assim como a postar imagens nossas que gerem inveja, para ganharmos "curtidas" e "comentários" que nos validam.

QUANTAS VEZES VOCÊ FECHA AS REDES SOCIAIS E SE SENTE UM POUQUINHO PIOR CONSIGO E COM SUA VIDA DO QUE QUANDO AS ABRIU?

Uma mulher de um dos meus grupos de *coaching* disse que, nos últimos dois meses, temia as noites de sexta-feira e de sábado. Quando perguntei o motivo, ela respondeu que era porque todo fim de semana entrava nas redes sociais e via as pessoas saindo por aí, socializando, indo a bares, restaurantes e festas, e que isso tudo lhe causava inveja. As outras mulheres no grupo concordaram, se identificando com a experiência. Fiz uma pergunta simples:

— Você quer mesmo sair todo fim de semana?

— Quero, claro — respondeu ela.

Então, gentilmente, falei:

— Bom, então por que você escolhe ficar em casa? Porque, se quisesse mesmo sair, daria um jeito, não?

Consegui ver a ficha caindo enquanto ela refletia. Claro, se ela quisesse *mesmo* sair, alguma amiga a acompanharia com prazer. Enfim, ela falou:

— Na verdade, acho que, apesar de gostar de sair em ocasiões especiais, de forma geral gosto de passar a noite comendo uma refeição deliciosa que pedi, vendo um filme, fazendo uma máscara facial e descansando depois da semana ocupada no trabalho.

Depois, ela explicou que valorizava muito acordar repousada no domingo, pois era o dia do encontro do clube semanal de corrida. Naquele momento, ela notou que as redes sociais a faziam sentir inveja de algo que ela nem queria.

Redes sociais são um playground de comparação e terra fértil para inveja. Elas exibem inúmeras imagens de quem achamos que deveríamos ser ou da vida que deveríamos ter. Seja a apresentação constante do corpo "perfeito", da casa dos sonhos, do negócio de sucesso, de férias no paraíso ou de uma família idílica, a vida "dos sonhos" sempre nos é vendida à custa do apreço pela nossa.

Esse retrato incessante da "vida perfeita" pode ativar inveja o dia todo se permitirmos. A parte irônica disso tudo é que sentimos inveja de coisas que nem são verdade. Um volume enorme de conteúdo que vemos na internet é encenado, planejado, editado, photoshopado e ajustado com o propósito de parecer atraente e *invejável*. Vi amigas postarem selfies de casal perfeito minutos depois de me ligarem para dizer que estavam prestes a abandonar o parceiro porque o relacionamento tóxico era insuportável, e já liguei para amigas dizendo "Ai, meu deus, suas férias pareceram incríveis", só para ouvi-las dizer que, na verdade, tinha sido um inferno. O que nos mostram é uma realidade mascarada, uma miragem, e seguimos na tentativa de alcançá-la, sem notar que estamos apenas procurando o pote de ouro no fim do arco-íris.

Meu relacionamento com as redes sociais foi tóxico por muitos anos. Era um lugar ao qual eu só ia provar para mim mesma que era insuficiente. Na minha batalha silenciosa contra a depressão, olhava para as pessoas na internet que postavam fotos sorrindo, gargalhando e dançando, como se não tivessem qualquer preocupação, e a inveja que me dominava chegava a doer. Eu queria desesperadamente sentir aquela alegria relaxada que via nas pessoas, e quase me ressentia de todo mundo que parecia capaz de viver sem tristeza imensa e ódio debilitante por si. A depressão andava de mãos dadas com minha fase hedonista de badalação e, naquela época, eu também estava desesperada para fazer parte da cena social "descolada" de Londres. Achei que, se fosse convidada à festa de Fashion Week da revista *Love*, enfim me sentiria validada. Ou, se conseguisse um ingresso para o British Fashion Awards, finalmente teria algum valor. Inevitavelmente, chegava a Fashion Week ou o Fashion Awards e eu não recebia convite nenhum. Ficava em casa, no Instagram, vendo todo mundo postar fotos fabulosas de roupas mais fabulosas ainda, e aquele conhecido sentimento de inveja voltava a me dominar. Era a inveja que me dizia "Você não é tão boa quanto eles", ela que me mantinha em um nível permanentemente baixo de vibração e valorização pessoal. Enquanto encarava o celular, eu sentia o que sentira pela maior parte da vida: que estava do lado de fora, olhando para dentro. Assim como fazia mal ao meu corpo com drogas, álcool e cigarro, eu fazia mal à minha mente ao me expor de forma voluntária a coisas que eu sabia que sustentariam minha crença de insuficiência.

Todos sabemos que podemos nos sabotar com excesso de bebida, compras além do razoável, relacionamentos tóxicos e procrastinação de tarefas importantes, mas também podemos usar as redes sociais como sabotagem. Tenho uma amiga que não consegue evitar olhar o perfil da nova parceira do ex-namorado. Ela stalkeia o perfil todo dia, virou parte de sua rotina noturna. Ela olha as fotos, faz suposições sobre a vida da mulher e começa a se comparar, permitindo que o conhecido sentimento de inveja surja. Ela sabe o mal que causa em sua autoestima, mas não consegue se conter.

Meu conselho? Monitore e gerencie o uso de redes sociais. Devo também acrescentar um adendo: adoro redes sociais. Todas as plataformas têm muito a oferecer e, se usadas da forma correta, podem nos inspirar, motivar, conectar e entreter de jeitos maravilhosos. No entanto, para poder aproveitar as vantagens sem os gatilhos negativos constantes, recomendo que faça duas coisas:

1. Filtre seu feed: Silencie ou deixe de seguir pessoas cujos posts fazem mal a você ou se você sabe que servem de gatilho. Você sempre pode deixar de silenciar ou voltar a seguir alguém quando sentir que conseguirá ver o conteúdo de uma perspectiva mais saudável (ou seja, quando se sentir mais confiante). Então, escolha seguir pessoas que acha envolventes, inspiradoras ou com as quais se identifica, para ver mais conteúdo delas.
2. Preste atenção: Quando abrir um app, esteja atento e presente, para não passar pelo conteúdo distraidamente e deixar gatilhos ou informação indesejados serem assimilados sem notar.

Estando presente, você se permitirá dar mais atenção ao que sente. Então, se alguma coisa servir de gatilho, poderá reconhecê-la e começar a processá-la.

Não sentimos inveja só nas redes sociais. Na verdade, na maior parte do tempo sentimos inveja com mais profundidade e intensidade de pessoas próximas.

Alguma amiga já lhe contou de uma viagem surpresa que seu parceiro marcou ou que se sente maravilhosa, e, apesar de querer ficar feliz por ela, você não conseguiu deixar de sentir inveja? Ou já se viu preso em rivalidade entre irmãos, em uma dinâmica de discussão constante, sabendo no fundo que é só por inveja de quanta atenção você sente que seus irmãos recebem dos seus pais?

Pode ser muito confuso sentir inveja das pessoas que amamos. Nós nos perguntamos: "Se eu amo mesmo essa pessoa, e se sou um bom amigo, como posso sentir inveja?" Daí, sentimos vergonha e culpa e nos julgamos. O julgamento pode ser desconfortável a ponto de tentarmos negar completamente a inveja. Já negou a inveja e a reestruturou, dizendo "Só não gosto dela", ou "Nunca gostei dela", ou "Na verdade odiaria ter o que ela tem"? **Nada de bom pode vir da inveja negada.** Quando a inveja é enterrada, prendemos as emoções de vibe baixa dentro de nós e elas alimentam as inseguranças e a baixa autoestima, o que nos impede de alcançar nossa manifestação.

Todos sabemos que inveja, sobretudo quando enterrada, pode fazer as pessoas agirem de jeitos grosseiros, injustos e às vezes até cruéis. Quantas vezes você já ouviu que o motivo de alguém o tratar mal, com grosseria, é por inveja secreta? Se negamos sempre a inveja, sua natureza traiçoeira fica mais forte. Transferimos a inveja e a transmitimos como julgamento alheio. É um ciclo horrível. A maior compaixão que podemos demonstrar, para conosco e para os outros, é, de início, reconhecer o que de fato sentimos. Em vez de botar esses sentimentos de lado ou suprimi-los, aprenda com eles. Por exemplo, se alguém com confiança inabalável entra em uma sala, em vez de julgar a pessoa imediatamente e dizer "Como ela é arrogante!", pergunte-se se admira e deseja aquela confiança para si. Ou, se um casal se beijar na mesa ao lado e você estiver prestes a julgar a demonstração de afeto pública, pode se perguntar: "Estou julgando só porque quero estar em um relacionamento carinhoso e apaixonado?"

Com certa reflexão honesta, você consegue enxergar a inveja, reconhecê-la e deixar que ela lhe mostre o que você quer e sente que necessita. Quando começamos a reconhecer e acolher nossos sentimentos, em vez de negá-los e julgá-los, abrimos espaço para ouvir o que nos dizem. Contudo, antes disso, achei que poderia valer a pena explicar *por que* julgamos nossa inveja tão intensamente.

Vou contar uma história que você provavelmente já ouviu. É a história da Branca de Neve. Nessa história, a rainha má pergunta ao espelho mágico: "Espelho, espelho meu, existe alguém mais bela do que eu?" Ao ver que o reflexo que aparece não é dela, mas da Branca de Neve, a inveja a domina. Isso a leva a enviar seu caçador fiel para matar a linda e bondosa Branca de Neve. Nessa história, a inveja é ilustrada na forma de sempre: como algo perverso. Em quase todo filme infantil e conto de fadas, há um vilão invejoso (por exemplo, Scar em *O rei leão*, as irmãs feias em *Cinderela* ou Jafar em *Aladdin*). Lemos essas histórias e vemos esses filmes quando criança e, ao crescer e começar a sentir inveja, entramos em pânico. Atribuímos vergonha à inveja, porque a associamos com crueldade.

No entanto, a inveja em si não é má. É apenas uma emoção que sentimos ao enfrentar algo que nos faz questionar nosso valor. Inveja nem sempre aparece na forma do monstro de olhos verdes que associamos a ela. Não, na maior parte do tempo, inveja é apenas uma representação do nosso medo — o medo de perder algo que amamos, em que investimos emoção e energia. Tememos que, se alguém tiver alguma coisa, a gente vá perder (oi, perspectiva de escassez). Todo mundo que já abriu o próprio negócio sabe o que quero dizer: quando embarcamos em uma nova empreitada que exige imensa energia e investimento, podemos ficar hipersensíveis ao sucesso de outras pessoas em áreas semelhantes.

Tenho uma amiga que acabou de virar *personal trainer*. No processo todo de estudo para a qualificação, a ideia a deixava animada, otimista e energizada, e ela olhava para outros treinadores em busca de inspiração e motivação. No entanto, no momento em que se formou, a inveja a tomou. Ela me mandava mensagens dizendo: "Viu que fulano agora também é personal? Não acredito." Ela ficou obcecada por olhar para os outros treinadores na área e comparar-se com eles. Não era realmente inveja, era medo. Ela temia que, após investir tanto dinheiro e tempo, não conseguisse a quantidade de clientes que desejava. O medo comandava sua inveja e a bloqueava de acessar o pleno poder. Ela precisou reconhecer que a inveja era sintoma do medo, e depois começar a curar as próprias inseguranças.

Se a inveja é movida pelo medo, isso significa que podemos usá-la para identificar crenças limitantes, inseguranças e dúvidas que ainda nos bloqueiam na manifestação.

O jeito mais eficiente, portanto, de superar a inveja é trabalhar continuamente para remover o medo e a insegurança que a impulsionam. Como mencionei no "Passo 2: Elimine medo e insegurança" (ver p. 37), é um processo contínuo. Enquanto isso, o que podemos fazer para a emoção de vibe baixa não perdurar e bloquear o avanço na jornada de manifestação?

Podemos transformar inveja em inspiração.

A inspiração é a antítese da inveja. Enquanto a inveja surge da vibe baixa gerada pelo pensamento de escassez, a inspiração tem vibe alta e vem da abundância. O pânico que surge quando sentimos inveja de alguém é apenas o medo de que o sucesso da outra pessoa diminua nossas oportunidades. Inveja diz "Não há o suficiente", e inspiração diz "A oferta é infinita".

Quando sentimos inveja, temos a oportunidade de reestruturar o pensamento e escolher uma perspectiva inspirada que nos aproximará dos sonhos.

> PENSAMENTO INVEJOSO: "ISSO É ALGO QUE ELES TÊM E QUE NÃO POSSO TER."
> PENSAMENTO INSPIRADO: "ISSO É ALGO QUE ELES TÊM E QUE EU TAMBÉM GOSTARIA DE TER."

Muita gente me procura querendo manifestar um relacionamento. Essas mesmas pessoas quase sempre dizem que, ao verem amigos arranjarem namorado, se casarem ou começarem famílias, têm muita dificuldade em se alegrar por eles. Elas veem isso como mais um lembrete de como estão "atrasadas" na própria jornada, e chegam até a dizer coisas como "É muito injusto". Eu as lembro de que esse sentimento de inveja vem da perspectiva de que não há amor suficiente para todos e que isso as impede de atrair uma alma gêmea. Eu as encorajo a olhar para os relacionamentos dos amigos e transformar a inveja em inspiração, dizendo "Amo ver essas duas pessoas felizes juntas. É lindo de ver, e estou muito animada para viver isso quando for a hora". É uma mudança de perspectiva muito simples e muito eficiente.

Outro exemplo de como transformar inveja em inspiração é o seguinte. Imagine que esbarrou em uma amiga e vocês decidem sair para tomar um café e colocar o papo em dia. Ela conta que, depois da faculdade, abriu a própria empresa muito bem-sucedida de tecnologia e a vendeu, o que permitiu que viajasse pelo mundo por um ano todo — por isso está tão bronzeada e reluzente. Note como você se sente, de forma física, emocional e mental, em resposta à afirmação. Sente aquela onda de pânico que culmina em uma mistura sutil de tristeza, insatisfação e frustração que descrevi antes? Se for o caso, valide sua experiência, dizendo "Ouvir isso me causou inveja". Em seguida, remova a crítica e a substitua por amor-próprio, compaixão e gentileza, lembrando que tudo bem sentir-se assim. Quando tiver feito isso, tome a decisão empoderada de **transformar a inveja em inspiração**. Você pode escolher um pensamento inspirado, como "Estou muito feliz de ver alguém construir uma carreira que lhe possibilitou a liberdade de ir atrás da sua paixão. Talvez eu comece a explorar como fazer isso também". Assim, pode usar o sucesso para inspirar sua própria visão do que quer manifestar.

> **Lembrete:** Vivemos em uma sociedade na qual a mídia constantemente põe as pessoas para baixo com manchetes provocadoras que estimulam julgamento e agressão. Isso encoraja um comportamento motivado por inveja. Normaliza julgar e criticar ações alheias. Dá às pessoas a oportunidade de expressar inveja de um jeito que parece aceitável, e é um ciclo perigoso

para todo mundo. Temos que começar a identificar a inveja assim que ela surgir. Já notei que festas ou grupos do WhatsApp podem, com facilidade, virar um festival de fofoca alimentado por inveja. Em geral, não demora para grupos de amigos se unirem contra outra pessoa e falarem mal dela e de suas escolhas. Esse tipo de comportamento tem vibe muito baixa e, além de ser seriamente grosseiro e uma perda de tempo total, ainda sabota nosso poder de manifestação. Quase sempre é motivado por inveja, mesmo que não queiramos admitir. Quando você notar que isso está acontecendo, aponte o fato ou, no mínimo, se afaste dessas conversas tóxicas.

Pôr as pessoas para baixo tem baixa vibração. Encorajar as pessoas têm alta vibração.

Apoiar outras pessoas, fortalecê-las, celebrá-las, ajudá-las, encorajá-las: isso vem de uma posição de amor-próprio e autoestima alta. Mostra ao universo que você não se deixa ameaçar pelo sucesso alheio, e, sim, se inspira. Essa inspiração impulsionará sua manifestação. Se continuar botando no universo essa energia carinhosa, magnética e mágica, receberá abundância. Construir uma comunidade de amor, conexão e completa falta de julgamento é um ato que sempre defendo e encorajo, até porque ajuda a todos na jornada de manifestação.

Transformar inveja em inspiração não só puxará você da vibe baixa para a vibe alta, como também o ajudará a ganhar mais clareza no que quer acrescentar ao quadro de visualização, e pode auxiliar a dar vida à ela. Por exemplo, digamos que você queira manifestar um casamento no inverno. Apesar de já ter certeza de que é isso que quer, pode ser que só consiga visualizar claramente ao ir a um casamento no inverno e ver tudo com os próprios olhos. Assim, quando for meditar ou fazer um quadro de visualização, terá uma imagem muito mais rica e vívida em mente.

Transformar inveja em inspiração é uma ótima ferramenta para quando estamos nas redes sociais também. Por exemplo, se abrir o Instagram e vir uma foto de alguém em um novo restaurante, comendo uma refeição deliciosa com um grupo de amigos, e sentir um "sinal de inveja", pare um segundo, reconheça-a e transforme a inveja em inspiração, dizendo: "Quero ir a esse restaurante, vou colocar na lista de reservas a fazer. Mal posso esperar para ter essa experiência." Use as fotos de férias, selfies de casal ou imagens de decoração para ajudar a visualizar o que deseja. Inspire-se pelo que vê e diga ativamente: "Isso é algo que quero. Isso é algo que sei que mereço. Isso é o que vou manifestar."

Quando nos inspiramos nas conquistas e experiências das outras pessoas, mostramos ao universo que acreditamos que o mundo tem amor, felicidade e sucesso mais do que suficiente para todos. Assim, é o que atrairemos: mais amor, mais felicidade e mais sucesso.

Eu mesma uso essa ferramenta o tempo todo: há milhares e milhares de *coaches*, mentores, professores e escritores por aí, e desenvolvimento pessoal é uma indústria de crescimento rápido. Se eu me comparasse com todo mundo que faz algo parecido com o que faço ou se me permitisse sentir inveja do sucesso de outras pessoas, estaria para sempre presa à mentalidade de escassez. Ficaria mal sempre que visse alguém publicar um post de desenvolvimento pessoal, escrever em uma revista, dar um workshop ou lançar um livro. Imagine como minha vibração seria baixa se eu me permitisse me demorar nesse espaço, e como a inveja seria sufocante! Em vez disso, escolho ativamente celebrar o sucesso de outras pessoas na minha indústria, e olho para elas com um sentimento honesto de fascínio e inspiração por todas as coisas incríveis que realizam. Faço isso porque sei, no fundo do meu coração, que, para os milhares de pessoas geniais que fazem *coaching*, dão aulas e escrevem, há milhões de outras pessoas querendo aprender e ser ajudadas na jornada de desenvolvimento pessoal. Vejo e acredito na abundância de oportunidades para ajudar, inspirar e motivar outras pessoas, e assim a abundância volta para mim. Não quero ser a única, nem a melhor, só deixar minha marca no mundo, por maior ou menor que seja.

Escolha consistentemente transformar a inveja em inspiração.

✏️ EXERCÍCIO

Escreva tudo que serviu de gatilho para sua inveja recentemente. Quando tiver feito isso, use o olhar da inspiração para escrever uma alternativa a cada item, à qual pode optar por se apegar.

Pensamento invejoso:

....
....

Pensamento inspirado:

....
....

> ### BUSQUE INSPIRAÇÃO
> Se quiser progredir ainda mais na jornada de manifestação, não só deve transformar a inveja em inspiração, como **ativamente procurar inspiração**. **Procure pessoas que inspiram você e provam que é mais do que possível manifestar tudo que desejar.**
> **Lembre que inspiração tem vibe alta.**
>
> Por exemplo, se quiser manifestar lançar uma marca de moda sustentável de sucesso, olhe para outras marcas de moda sustentável que tiveram muito sucesso e mostram que é possível.
>
> Procurar inspiração serve de prova consciente e inconsciente de que o que você quer manifestar é possível. Isso ajuda a remover qualquer dúvida nesse sentido e enriquece a visualização.

No "Passo 5: Acolha a gratidão (sem ressalvas)" (ver p. 111), expliquei como gratidão é fundamental à jornada de manifestação. Inveja e gratidão não podem coexistir. Quando sentir inveja de alguém e do que a pessoa tem, você não pode simultaneamente praticar verdadeira gratidão pelo que tem. Por exemplo, não pode sentir gratidão *plena* por ter conhecido sua alma gêmea e estar em um relacionamento monogâmico duradouro se sentir inveja das aventuras e diversões da amiga solteira. É mais um motivo para que a gratidão tenha tanto poder.

Quando praticamos mais que a gratidão e estamos *mesmo* em um espaço de completa apreciação do que já temos, conseguimos celebrar as pessoas ao redor sem que a inveja nos domine. Posso honestamente dizer que, desde que comecei a praticar e acolher a gratidão (sem ressalvas), passei a apoiar ainda mais as pessoas ao meu redor.

Eis os quatro passos para transformar a inveja em inspiração:

1. **Reconheça-a**
   Para reconhecer a inveja, precisamos de atenção plena aos pensamentos, para notá-la quando vier.
2. **Elimine a vergonha e a crítica a respeito da inveja**
   Em vez disso, pratique amor-próprio, ofereça-se compaixão e gentileza e não se julgue.
3. **Aprenda**
   Se for julgar outra pessoa, pergunte-se: "O que está motivando esse julgamento? Que medo ou insegurança o impulsionam? O que a pessoa tem que eu desejo?"
4. **Transforme inveja em inspiração**
   A cada oportunidade de sentir inveja de alguém ou de algo, você tem a mesma oportunidade de reestruturar sua perspectiva e sentir inspiração.

Um último comentário a respeito da inveja: lembra que eu falei que amor-próprio sustenta cada passo da manifestação? Bom, nesse momento é especialmente relevante. Quanto mais compaixão, perdão, amor e gentileza nos oferecermos, mais fácil será transformar inveja em inspiração. E quanto mais amarmos quem somos e quem nos tornamos, menos provável é que as coisas ao redor nos sirvam de gatilho. Quando você se ama de modo incondicional e se orgulha de quem é hoje e de quem está se tornando, não há espaço para inveja.

PASSO 7

CONFIE NO UNIVERSO

"O segredo de conseguir o que se quer da vida é saber o que se quer e acreditar que pode tê-lo."

NORMAN VINCENT PEALE

Quando descobrir que vida você quer manifestar, tiver cultivado amor-próprio, removido medo e insegurança, superado testes do universo, alinhado o comportamento, acolhido a gratidão (sem ressalvas) e transformado a inveja em inspiração, só resta confiar: confiar que o universo fornecerá tudo de que você precisa e confiar na mágica magnífica da manifestação.

Essa confiança pode ser descrita como um "saber". É sentir que, mesmo sem fazer ideia de como as coisas vão acontecer, você sabe que acontecerão. É saber, sem dúvida, que as coisas que você mais deseja *virão*. Essa crença e fé inabalável permitirão que você atraia tudo que quer manifestar.

Um dos maiores equívocos a respeito da manifestação é interpretá-la como uma maneira de controlar o futuro. Manifestação *não é* controle. Manifestação é *entrega*. É saber qual é seu desejo e visualizá-lo, ser proativo no processo e, por fim, se entregar à jornada que o levará até lá. Lembra que, no começo do livro, falei que visualizar seu desejo é colocar o endereço certo no GPS? Bom, então imagine que a manifestação é o programa de computador por trás do mapa. Você o deixa indicar que curvas fazer, que ruas evitar, que estradas percorrer e como fazer um retorno se errar o caminho. Sem tentar controlar o processo: deixe que ele trabalhe enquanto você trabalha. Por isso, para se entregar à magia da manifestação, deve confiar nela da mesma forma.

Antes de descobrir a manifestação, eu via qualquer tipo de rejeição como prova de que era indigna e não merecia amor, e repetidamente deixava que me impedisse de seguir em frente. Eu me contentava com menos do que merecia, porque duvidava que meu desejo se concretizaria. Deixava a inveja me dominar, porque não acreditava na minha capacidade de criar a vida que queria. Era eu o obstáculo no meu caminho, porque não tinha fé em um futuro melhor. Agora, graças à minha confiança inabalável no universo e na manifestação, minha vida é muito diferente: vejo rejeição como puro redirecionamento a algo melhor; nunca me contento com menos, porque sei que, quando demonstro meu valor (dominando testes do universo), sou recompensada com abundância; *e* não desperdiço energia valiosa em inveja, pois busco ser sempre inspirada. Sei, no fundo do coração, que o universo está do meu lado. Confio que ele quer me fornecer a abundância que carrega. Acredito que o universo é generoso e quer fornecer isso para *todos* nós. Ele quer que saibamos nosso valor, que abandonemos o que não nos serve mais e que incorporemos nosso poder. Sei que o universo quer o melhor para mim e quero que você saiba que ele também quer o melhor para você.

Esse último passo talvez seja o mais poderoso. Não só ajuda a superar desafios com mais facilidade, como dá o poder de transcender medo e insegurança, os dois maiores obstáculos da manifestação. Simplesmente, não há espaço para eles quando você tem completa fé no universo e em sua capacidade e disposição de cuidar de si.

SENTIMENTOS DE CONFIANÇA,
CONVICÇÃO E SEGURANÇA INABALÁVEIS
SÃO TODOS DE VIBE ALTA, E PERMITEM
QUE VOCÊ ATRAIA ABUNDÂNCIA SEM
ESFORÇO.

Confiar no universo ampara sua jornada de manifestação de outro modo também: permite que você cultive a atitude magnética de gratidão necessária para a manifestação. Como? Bem, quando temos *certeza* de que algo vai acontecer, conseguimos nos entregar à jornada. Isso, em si, elimina um tanto de preocupação, ansiedade e estresse, pois remove a pergunta constante de *"Como* vai acontecer?". Por exemplo, imagine que você está procurando uma casa para comprar: se *não* confiar que tudo vai dar certo, durante a busca pode se desesperar e ficar se perguntando a todo instante "Quando vou encontrar?", e acabar se decepcionando sempre que aparecer uma casa que não é "a certa". Você pode entrar em pânico, com medo de não vender a casa atual a tempo, e passar noites em claro preocupado com como tudo acontecerá. O processo pode se tornar muito estressante. Contudo, se tiver confiança total no universo e acreditar que a casa perfeita se apresentará na hora certa, você conseguirá deixar de lado a vibe baixa da preocupação e da dúvida, e terá a oportunidade de aproveitar sentimentos de alegria e animação a respeito da busca pela casa perfeita e do início de um novo capítulo. Sem se preocupar com *como* vai chegar a algum lugar, porque sabe que chegará de algum modo, pode estar mais presente no momento e praticar mais atenção e apreciação por tudo que já conquistou. É assim que chegamos ao ponto ideal da manifestação que mencionei no "Passo 5: Acolha a gratidão (sem ressalvas)" (ver p. 111): saber o que quer e, ao mesmo tempo, sentir gratidão plena por tudo que já tem.

O Passo 7 é fundamental para a manifestação e reforça todos os passos anteriores, mas também é aquele com mais dificuldades. Muitas vezes, ouço as pessoas dizerem: "Estou fazendo tudo que devo, e ainda não aconteceu. Obviamente, não funciona comigo." Ficam frustradas, têm dúvida e começam a desfazer todo o trabalho emocional com o qual haviam se empenhado até ali: recaem em hábitos ruins e começam a se concentrar em coisas que comprometem seu valor, porque não confiam mais no processo. Isso costuma acontecer por um motivo: *impaciência*.

Impaciência é inimiga da manifestação, porque interfere no chamado *tempo divino*. Tempo divino é o tempo do universo, de uma força energética maior do que nós. Confiar no tempo divino é essencialmente um jeito chique de dizer "Acredito que tudo acontece por um motivo". Quando confiamos no tempo divino, abrimos mão do apego ao controle, de cronogramas fixos e da urgência de apressar a vida. Confiar no tempo divino nos concede presença, atenção e sabedoria para entender que tudo se desenrola como deve. Permite-nos manter a força quando as coisas não acontecem exatamente como imaginamos. Permite que encontremos alegria, beleza e satisfação no trajeto, e não só no destino. O tempo divino é a essência da manifestação, e devemos confiar nele para deixar a magia fazer seu melhor trabalho.

A maioria das pessoas raramente dá espaço para que o tempo divino se desenrole. O que costuma acontecer é que, por impaciência, começam a interferir no processo e acabam se desviando do caminho dos sonhos, na esperança de encontrar um atalho. É fácil entender por que muitos de nós fazem isso, já que vivemos em um mundo de gratificação instantânea. É como se esperássemos os sonhos se manifestarem na mesma velocidade de uma compra on-line.

O processo de esperar que algo aconteça é um enorme teste da nossa fé e autoestima. Quando algo não é alcançado imediatamente, há mais espaço para que pensamentos negativos, crenças limitantes e inseguranças cresçam. Nosso instinto pode nos atrair à negatividade e abaixar as vibrações, deixando medos e inseguranças aumentarem. Podemos falar "Eu sabia que não merecia" ou "Eu nunca deveria ter acreditado que teria isso". Em seguida, tentamos sanar a insegurança encontrando algo que pode, temporariamente, servir de curativo à dúvida. Por exemplo, uma amiga minha passou um ano solteira. Ela decidiu, então, que estava exausta de esperar alguém. Ela não parava de me perguntar "Por que não está acontecendo?". Eu a lembrei gentilmente que, primeiro, um ano não era tanto tempo e, segundo, estava claro que ela ainda tinha muito medo e insegurança. Falei que acreditava que ela precisava se concentrar em curar o passado antes de atrair a alma gêmea. No entanto, ela fez o que muitos amigos fazem ao receber um conselho: ouviu com atenção e escolheu ignorar completamente. Decidiu que não aguentava mais esperar, deixou-se consumir pelo sentimento de insuficiência e, sem surpresa, acabou namorando alguém que nunca conseguiria oferecer a estabilidade emocional e o comprometimento que ela merecia. Minha amiga estava criando obstáculos no trajeto rumo à alma gêmea, em nome do alívio temporário da solidão. Só ao terminar aquele namoro e começar a se comprometer de verdade com o desenvolvimento próprio, elevando a autoestima e deixando para trás a necessidade de que tudo acontecesse em um momento específico, ela conseguiu encontrar o homem que agora é seu noivo.

O truque, na verdade, é **deixar a espera para trás**. A espera, sobretudo no limite do "desespero" para algo acontecer, abaixa a vibração e diminui nosso poder e nossa habilidade de manifestação. Escolha não esperar, e sim viver no momento.

Voltamos, de novo, à importância da entrega. Ao longo deste livro, e da jornada de manifestação, várias vezes somos solicitados a deixar coisas para trás: a pessoa que fomos, a pessoa que acreditamos que deveríamos ser, os medos e as inseguranças, as coisas que não servem à nossa versão mais empoderada, a inveja e, por fim, a necessidade de controlar o sentido exato do caminho. Ao confiar em nós e no universo, essa entrega se torna fácil.

NO PROCESSO DE DEIXAR COISAS PARA TRÁS, NOS ENTREGAMOS AO UNIVERSO. AÍ ESTÁ A MAGIA.

Agora, gostaria de contar como usei, para manifestar este livro, os passos que você está aprendendo agora com a leitura.

Sempre amei escrever. Desde nova, é minha forma preferida e mais confortável de comunicar meus pensamentos, ideias e sentimentos. Na escola, eu sonhava em ser uma autora publicada e segurar meu próprio livro nas mãos. Falava, com completa certeza, que um dia escreveria um livro. No entanto, quando entrei em uma nova fase da vida e comecei a faculdade, o sonho ficou de lado, como é de costume com muitas ambições infantis.

Uma década depois, tendo descoberto a manifestação, entendido meu propósito e me dedicado à paixão de me tornar *coach* de desenvolvimento pessoal, o sonho começou a ressurgir. Às vezes, me diziam:

— Você devia escrever um livro.

— É, eu adoraria, um dia — eu respondia.

O sonho tinha ressurgido, e eu sabia que queria escrever um livro, tinha certeza disso. Só não sabia quando, como ou sobre o quê.

Finalmente, ano passado, uma agente literária entrou em contato comigo pelo Instagram. Ela me perguntou se eu já tinha pensado em escrever um livro, e começamos a conversar. Durante as conversas, pela primeira vez, consegui ganhar clareza total do que o livro seria: meu guia de manifestação em sete passos. **Passo 1 ✓**. Então, meses depois de começar a conversa a respeito de montar um projeto para que ela apresentasse a editoras, a agente precisou se afastar do trabalho por motivos pessoais. "Deve ter sido o melhor, já que não estava me sentindo pronta", pensei. Dei um passo atrás e investi tempo em investigar meus medos e inseguranças quanto a escrever um livro — por que ainda não me sentia pronta? Comecei a reconhecer algumas crenças limitantes que me impediam de acreditar que eu era capaz, e comecei a removê-las, uma a uma. **Passo 2 ✓**. Finalmente, perto do Natal, ganhei convicção: "Estou pronta para escrever meu primeiro livro." Tinha ao mesmo tempo cultivado amor-próprio e construído minha autoestima até decidir que não precisava de uma agente para me ajudar a encontrar uma editora; faria tudo sozinha, apoiada pela magia da manifestação. Quando comemorei o ano-novo de 2021, escrevi no quadro de visualização de um ano: "Livro escrito, editado e pronto para ser publicado." Joguei para o universo. Então, abri o Instagram e fiz um post nos *stories*: "Oi, estou procurando uma editora para publicar um livro. Se alguém estiver interessado, por favor, entre em contato!" Alinhei meu comportamento, agindo, saindo da zona de conforto e sendo proativa no avanço da visualização. **Passo 3 ✓**.

Uma editora respondeu imediatamente: ela estava interessada. Eu não tinha ouvido falar da empresa, mas era respeitada na área. Conversei ao telefone com a mulher simpática que falara comigo no Instagram e, em uma semana, recebi minha primeira oferta. Era uma oferta muito boa. No entanto, quando voltei a falar com eles, parte de mim não tinha certeza. Eu sabia, no fundo, que queria publicar em uma editora específica, e só nela. Era a editora que tinha publicado o livro que iniciara minha trajetória de desenvolvimento pessoal, *Tenha medo... e siga em frente*, de Susan Jeffers. A editora pela qual eu sonhava publicar era a Penguin Books. Ali estava meu teste: uma oferta, mas não da Penguin. Recusei-a na sexta-feira. **Passo 4** ✓.

No dia seguinte, encontrei minha amiga Olivia para uma caminhada e contei a ela o que tinha acontecido com a oferta de publicação. Ela sugeriu:

— Por que você não fala com alguém que nem a Elizabeth Day, para pedir conselhos? Ela publicou livros incríveis... talvez possa entrar em contato pelo Instagram?

Foi uma revelação. Eu não conhecia Elizabeth e não me sentia confortável em abordá-la do nada, mas por acaso conhecia muito bem sua agente, Grace. Mandei um áudio para Grace na mesma noite, e ela respondeu, explicando que a oferta que eu tinha recebido era muito boa para uma escritora estreante, mas dizendo que pensaria melhor e me diria se tinha ideias do que eu poderia fazer a seguir. Na noite de segunda-feira, enquanto eu relaxava no banho após um dia ocupado, meu celular tocou. Era Grace. Ela falou:

— Ei, Rox. Então, eu tinha esquecido, mas hoje mesmo tinha uma reunião pelo zoom com Ione, a editora do departamento de não-ficção da Penguin. Ela disse que está interessada em material novo. Vou te passar o e-mail dela.

Sorri. Que sorte ela ter uma reunião marcada com minha editora dos sonhos menos de 48 horas depois do meu contato. Ainda no banho, digitei imediatamente um e-mail para Ione. Tinha confiança total no universo, que tinha me apresentado essa oportunidade por um motivo. **Passo 7** ✓.

O assunto do e-mail foi "O Livro da Manifestação" e, no

corpo, escrevi: "Olá, Ione, acabei de pegar seu e-mail com Grace. Uma apresentação rápida: sou *coach* de desenvolvimento pessoal e especialista em manifestação. Todo mês, faço workshops de desenvolvimento pessoal no Zoom, e um deles é meu guia de manifestação em sete passos. Quero transformá-lo em livro. Perdão pelo e-mail direto, mas me diga se tiver interesse em conversar. Tenha uma boa segunda! Bjs, Roxie."

Cinco minutos depois, recebi uma resposta:

"Oi, Roxie, obrigada pelo contato. Fiquei muito feliz. Manifestação é um assunto que tenho abordado com minha equipe, e no qual andamos de olho. Então tenho muito interesse e adoraria saber mais. O que acha de quinta-feira, 9h30, para conversarmos melhor? Obrigada de novo pelo contato. Abraços, Ione."

Depois de quase dez minutos de reunião, notei uma coisa. Havia um livro na mesa de Ione, cuja capa reconheci imediatamente: *Tenha medo... e siga em frente*, de Susan Jeffers. Eu soube, no momento em que o vi, que era o destino. Em uma semana, tínhamos fechado um contrato. Chorei na hora: a Penguin ia publicar meu primeiro livro, e isso aconteceu exatamente um ano depois do meu primeiro workshop de manifestação.

CONFIANÇA É A COLA QUE UNE
AS ETAPAS DA MANIFESTAÇÃO.

Quando começar a explorar manifestação, procure "coincidências" ou momentos de sorte, como situações em que você pensa em alguma coisa e, de repente, ela aparece — se estiver, por exemplo, pensando em uma música que quer ouvir e ela de repente tocar na rádio, ou se pensar em alguém com quem não fala faz tempo e a pessoa mandar uma mensagem do nada. Note todas essas ocorrências e permita que ajudem você a fortalecer sua confiança no universo. Deixe que elas lhe mostrem a força energética poderosa que existe no universo e a capacidade poderosa de criar e alterar a própria realidade. E então, quando as coisas que quiser manifestar na vida começarem a surgir, veja a confiança se fortalecer dez vezes e deixe que o impulsione ainda mais na jornada de manifestação.

EPÍLOGO

Ao começar a ler este livro, você pode ter achado que manifestação é só visualizar seus desejos e esperar que se realizem. Espero que, após percorrer o conteúdo destas páginas, você consiga entender todas as muitas camadas da manifestação. Torço para que, depois de ler este livro, você a enxergue como eu a enxergo: não só como poder mágico, mas como prática de desenvolvimento pessoal a partir da qual viver. Manifestação não só traz abundância à vida, como nos ajuda a incorporar nosso poder e desencadear todo o nosso incrível potencial.

No cerne da manifestação está a autoestima, as crenças inconscientes a respeito do merecimento e a capacidade de amor-próprio. A manifestação encoraja você a ser o seu melhor. Ela o impulsiona a incorporar sua versão mais autêntica e poderosa, a descobrir sua força interior para superar as crenças limitantes, as dúvidas, os medos e as inseguranças. Pede que você abra mão do que não lhe serve mais e lembre que pode ser tudo o que quiser.

Cada coisa que fizer, dia a dia, é uma oportunidade para fortalecer seu poder de manifestação: os pensamentos a que escolhe se agarrar, como alimenta e energiza o corpo, as práticas cotidianas com as quais se compromete, os hábitos que cria, as amizades que tem, o comportamento que aceita dos outros e a disposição de sair da zona de conforto. Tudo que fizer é demonstração de amor-próprio, e toda decisão que tomar tem a capacidade de elevar sua autoestima e aproximar você dos seus sonhos. Na verdade, os passos deste livro não devem ser abordados um a um, e sim trabalhados simultaneamente. Cada um dos sete passos apoia os outros seis, e, quando dominar todos, você será capaz de despertar a magia da manifestação.

Só se tem uma vida, e seu trabalho é fazê-la ser a melhor possível, com alegria, amor, propósito e satisfação. Não dá mais para deixar que a vida o carregue, pois agora é a hora de reconhecer seu poder infinito de escolher e criar exatamente a vida que quer. E manifestá-la.

> ALGUÉM UMA VEZ LHE DISSE QUE
> NÃO ERA POSSÍVEL TER TUDO.
> ESTOU AQUI PARA DIZER QUE É.

AGRADECIMENTOS

A Wade, nada disso teria sido possível sem você. Obrigada por absolutamente tudo.

A Leah, minha irmã de alma, obrigada por ser a melhor amiga que já tive.

A minha família, amo todos vocês mais do que consigo expressar.

A Annie, por ficar ao meu lado e me ajudar a cada passo da jornada.

A Amy Bailey, por dar vida à minha visão para a capa!

E, por fim, a cada pessoa que me deixou entrar em sua jornada de desenvolvimento pessoal, que foi a um workshop, pegou este livro ou compartilhou parte de si com esta comunidade incrível.

FONTES

página 18: SHARMA, Robin. *O monge que vendeu sua Ferrari*. Editora Fontanar, 2011.

página 32: TRACY, Brian. *The Psychology of Selling: Increase Your Sales Faster and Easier Than You Ever Thought Possible*. Nelson Business, 2006.

página 64: RUIZ, Don Miguel. *Os quatro compromissos: O livro da filosofia tolteca*. BestSeller: Rio de Janeiro, 2021.

página 88: ROBBINS, Mel. *The 5-Second Rule: Transform Your Life, Work, and Confidence with Everyday Courage*. Savio Republic, 2017.

página 91: MAXWELL, John C. *Today Matters: 12 Daily Practices to Guarantee Tomorrow's Sucess*. Warner Faith, 2004.

página 92: WINFREY, Oprah. Entrevista com Sheryl Sandberg, COO do Facebook. 2017.

página 150: PEALE, Norman Vincent. *Positive Thinking Every Day: An Inspiration for Each Day of the Year*. Fireside, 1993.

ÍNDICE

A

A doutrina secreta, 107
A lei da atração e o poder do pensamento, 12
abundância, perspectiva de, 102-104, 109, 115, 121, 133, 141, 143, 145, 152, 161
afirmações, 56, 57, 89, 91, 108, 142
alegria, 14, 21, 25, 85, 86, 113, 128, 129, 134, 136, 153, 154, 162
alinhar comportamento, 15, 20, 24, 73, 74, 76-81, 83, 84, 89, 90, 92, 94, 95, 99, 101, 103, 105, 121, 151
amizades, 13, 27, 116, 161
  de baixa frequência, 142, 143
  tóxicas, 101, 102
amor, 27, 113
  incondicional, 10, 11, 14, 21, 23, 40, 61, 147, ver também amor-próprio
amor-próprio, 11, 57, 60-66, 69, 70, 77, 80, 85, 88, 89, 91, 92, 94, 95, 103, 127, 142, 143, 147, 151, 157, 161
  cultivar, 61-70
  desenvolver hábitos saudáveis, 89-91
  e inveja, 147
  e decisões atentas, 63-65
  workshops, 88, 89
atenção plena, 126, 127
Atkinson, William Walker, 12
atração, lei da, 12, 13, 20, 46, 73
autenticidade, 92-95
autodisciplina, 62
autoestima, 45, 52, 53, 70, 82, 137, 138, 143, 155, 157, 161
autorrespeito, 38, 39, 46, 48, 54, 62, 78, 87, 100, 101
autossabotagem, 81-83, 86
  com redes sociais, 137, 138

B

bebida, 9, 35, 136
Blavatsky, Helena, 107
Branca de Neve, 139
Briggs, Wade, 10, 11, 40, 94, 119, 120

C

Calm, app, 24
caminhada, 89, 92, 120
carreira, 9, 11, 27, 40, 57, 66, 74, 79, 108, 114, 119, 121, 142
  limitada por negatividade, 114, 141
  progressão, 85, 86, 107, 108
casamento, 58, 59, 144
casas
  manifestar, 119, 121, 153
  visualizar, 21, 27, 74
chorar, 69, 159
ciência, 12-15, 117
ciúmes, *ver também* inveja
coaching, 16, 78, 79, 134, 114, 145, 156, 159
comida, 62-64, 82
compaixão por si, 62, 67
comportamento, alinhar, 15, 20, 24, 73, 74, 76-81, 83, 84, 89, 90, 92, 94, 95, 99, 101, 103, 105, 121, 151
confiança, 14, 21, 22, 29, 33, 43, 45, 46, 53, 66, 78, 83, 88, 99, 101, 103, 105, 106, 139, 151-160
constrangimento, 35, 54, 106
contentamento, 14, 21, 85, 128
contos de fadas, 39, 139
cortisol, 19
Covid-19, pandemia de, 120
crenças limitantes, 15, 33, 34, 36-39, 41-45, 47, 51, 56-58, 60, 61, 70, 87, 95, 103, 117, 118, 124, 140, 155, 157, 161
criatividade, 56, 84, 127
cronograma, 26, 154
culpa, 14, 64, 66, 67, 113, 138

D

Day, Elizabeth, 158
decisão, 102, 103
depressão, 9, 136,
desafios como oportunidades, 86-88
  e rejeição, 105-107
desculpas, 75, 86
desenvolvimento pessoal, 37, 42, 54
diário positivo, 122, 123
diário, 62, 64, 89, 91, 122-124
dieta, 63
Dispenza, Joe, 13, 116
drogas, 9, 136
dúvidas
  honestidade a respeito de, 41
  remover, 33-60, 74
  trocar linguagem, 50
Dyer, Wayne, 13

E

elogios, aceitar, 53

emoções
  negativas, 115, 138, 142, 143
  e visualização, 24, 58
  libertações, 69
  frequência vibratória, 13, 14, 46, 67, 113-117, 138
entrega, 151
entrevista de emprego, 107, 108
escassez, perspectiva, 103, 104, 117, 118, 133, 140, 141, 144
escrever este livro, 156-160
estresse, 19, 54, 90, 109, 126, 153
exercício, 62, 82, 83, 125

F

Facebook, 16
faixas de afirmação positiva, 55, 56, 91
falar em público, 51, 52
felicidade, 16, 62, 103, 113, 114, 118, 144
filhos, 11, 77, 78, 82, 83, 119, 122
finanças, 34, 39, 40
fingir até se tornar, 78-80
física quântica, 13, 14
fofoca, 143
fracasso, medo de, 36, 75, 76, 78, 106, 114
Fundação Nacional de Ciência, 47

futuro
  imaginar, 22, 23, 26, 27
  excesso de foco no, 126

G

gentileza, conosco, 14, 44, 62, 68, 69, 117, 142, 147
globo de vapor (visualização), 57, 58
gratidão, 14, 48, 51, 53, 89, 106-108, 113, 127-128, 147, 153
  atribuir ressalvas a, 118-120
  acolher, 115-126, 146, 151
  listas, 122
  enumerar o que é bom, 124
  fortalece sistema imunológico, 117
  e confiança, 153
  tipos de, 115, 116, 122
  culpa, 66, 113
gratificação instantânea, 154
gravidez, 119, 120

H

hábitos saudáveis, 89-92
Hay, Louise, 13
Headspace, app, 24
Hicks, Abraham, 13
Hill, Napoleon, 12

I

impaciência, 154, 115
impostor, síndrome de, 79, 88, 123
imunológico, sistema, 117
inconsciente, 29, 37, 38, 49-51, 53-56, 63, 81-83, 87, 134, 146, 161
  crenças, 44, 45
  manifestação do, 33, 51
insegurança, 33-38, 40-50, 52, 54, 56-61, 68, 70, 74-77, 79, 81, 83, 85-87, 101, 105, 109, 117, 121, 124, 138, 140, 141, 147, 151, 152, 155-157, 161
inspiração da inveja, 141-147
  buscar, 146, 147
Instagram, 11, 65, 79, 107, 120, 136, 144, 157, 158
interior, trabalho, 37, 43, 67
interior, voz, 41, 45, 58, 114, 123
inveja, 14, 113-115, 133-147, 151, 152, 156
  transformada em inspiração, 141-147
ioga, 9, 10, 64, 89

J

jardim, metáfora do, 94, 95
Jeffers, Susan, 158, 159
Johnson, Boris, 120

L

La Pompe-Moore, Giselle, 124
limitantes, crenças, 15, 33, 34, 36-39, 41-45, 47, 51, 56-58, 60, 61, 70, 87, 95, 103, 117, 118, 124, 140, 155, 157, 161
linguagem, para dominar medos e inseguranças, 49-53

M

Manifestação
  proatividade, 74-81
  bloqueios, 46, 60
  intensifica o poder, 46
  significado, 9-11
  situações negativas, 113-115
  ciência, 13-15
  entrega, 151, 152, 156
  ponto ideal, 119, 153
mantras, 43, 54-56, 58, 59, 67, 89
Maxwell, John C., 91,
McDermott, Kerry, 123
meditação, 10, 22-24, 26, 34, 56, 62, 84, 89, 90, 127, 144
  e visualização, 22-25
medo de fracasso, 36, 75, 76, 78, 106, 114
  honestidade a respeito de, 41

remover, 33-60
entender, 36
trocar linguagem, 50-53
memória, 10, 60, 66,
mídia, influência da, 40, 142
moda, indústria da, 113, 114
mudança, possibilidade de, 29, 30
#MANIFESTWITHROXIE, 16

N

namoro, 10, 49, 77, 93, 94
negócios, montar, 76, 90, 113, 135, 140
neurociência, 14, 15, 19

O

O rei leão, 139
Os quatro compromissos, 64

P

paciência, 62, 104, 154, 155
Paltrow, Gwynneth, 117
passado, superar, 29
paz, 14, 55, 85, 86, 113, 116
Penguin Books, 158, 159
Pensamentos
    dominar, 43
    negativos, 46, 47
pequenos prazeres, 128
perdão, 62, 66, 67, 69, 147

perspectiva,
    de abundância, 102-104, 109, 115, 121, 133, 141, 143, 145, 152, 161
    de escassez, 103, 104, 117, 118, 133, 140, 141, 144
perspectiva, reestruturar, 47-49, 125
Phelps, Michael, 20,
pior cenário, 59
podcasts, 10, 106, 107, 117,
proatividade, 73-77, 80, 82, 83, 92, 95, 105, 151, 157
procrastinação, 65, 75, 137
prova, 59, 74
Psycle, 124, 125

Q

Quem pensa enriquece!, 12

R

raiva, 14, 66, 67, 113-116, 133
Raya, app, 10
reconhecimento, 43, 115, 117, 121, 126, 146, 153
redes sociais, 16
    movidas por inveja, 133, 134
    aproveitar, 137, 138
    para inspiração, 144, 145
rejeição, 76, 77, 108, 152
relacionamentos

alinhar comportamento, 76-95
namoro, 10, 49, 77, 93, 94
fracassado ou infeliz, 9, 66
crenças limitantes e bloqueios, 39, 50, 51, 58, 59
manifestação, 66, 76, 77, 99, 137
sinais de alerta, 101
culpa e trauma, 66, 77
almas gêmeas, 21, 49, 57, 66, 67, 100, 101, 141, 146, 155
teste do ex, 100-103
tóxico, 38, 70, 83, 101, 102, 135, 136, 137
visualização, 21, 24, 25, 76
espera, 155
respiração, 19, 23, 57, 58, 89, 127
ressentimento, 66, 115, 120, 136
risco, 76
rivalidade entre irmãos, 138
Robbins, Mel, 88
Ruiz, Miguel, 64

S

salário, 34, 105, 118
saúde, 22, 43, 58, 64, 79, 82, 115, 125
skincare, 89
sono, 62, 153

usar faixas de afirmação positiva, 56
spinning, 124
Swart, Tara, 15, 19

T

Tailândia, 9
tempo divino, 154
Tenha medo... e siga em frente, 158, 159
terapia, 22, 43
testes, dominar, 99-101
The Moments that Made Me, 106
The Source, 15, 19
Tolle, Eckhart, 13
trauma, 43

U

universo, 15, 16
mensagens do, 115
testes do, 99
confiança no, 151-160

V

validação externa, 93, 94
vergonha, 35, 46, 66, 67, 93, 106, 113, 120, 138, 139, 147
vibração
alta e baixa, 14, 46, 47, 101, 113, 133

emoções de baixa vibração, 66, 67, 113
elevar, 59, 90, 123, 124
respostas a rejeição, 107, 108
visualização com sentimento, 21
vício, 9, 11
visão/visualização, 19-30
   especificidade e clareza, 21, 29, 30, 59, 78
   quadro de visualização, 24-26, 28, 30, 34-36, 61, 76, 102-105, 107, 143, 144
   imaginar seu futuro, 22, 23, 35
   remover medo e insegurança, 57-59
   usar meditação, 23, 24
Vogue, 123, 124

W

webinar, 11, 16, 44, 107
WhatsApp, 16, 143
Winfrey, Oprah, 13
workshops, 11, 12, 16, 35, 69, 88, 89, 93, 108, 144, 159

Y

YouTube, 24, 56, 117
zona de conforto, sair da, 73, 76, 84-88, 92, 95, 106, 107, 123, 157, 161

- intrinseca.com.br
- @intrinseca
- editoraintrinseca
- @intrinseca
- @editoraintrinseca
- editoraintrinseca

1ª edição	NOVEMBRO DE 2022
impressão	LIS GRÁFICA
papel de miolo	PÓLEN NATURAL 80G/M^2
papel de capa	CARTÃO SUPREMO ALTA ALVURA 250G/M^2
tipografia	GARAMOND